NOCES D'ARGENT

ET

NOCES D'OR

Pastori gregibus
Curam impendere :
Pastorem ovibus
Incumbit colere.

(Missel de Liège de l'an 1527.)

GASTON DAVID

NOCES D'ARGENT

NOCES D'OR

DE

M. L'ABBÉ GAUSSENS

ARCHIPRÊTRE DE SAINT-SEURIN

BORDEAUX

IMPRIMERIE GÉNÉRALE É. CRUGY, Vᵉ RIFFAUD, SUCCESSEUR

16, rue et hôtel Saint-Siméon, 16

1889

NOCES D'ARGENT

DE

M. L'ABBÉ GAUSSENS

ARCHIPRÊTRE DE SAINT-SEURIN

(13 Novembre 1881)

La splendeur de la fête organisée pour célébrer les noces d'argent de M. Gaussens a
récompensé tous les soins et dépassé toutes
les prévisions, à tel point qu'elle défie tout
compte rendu et décourage le narrateur.
Aussi certain d'avance que mon pauvre récit
ne saurait donner une idée suffisante de
ce triomphe, vais-je me contenter de relater
quelques détails qui m'ont paru plus intéressants.

Dès que les cloches, lancées à pleine volée, ont jeté dans les airs leurs premières sonneries, que dominait la voix majestueuse de la *Véronique*, les fidèles se sont hâtés vers le saint lieu pour la grand'messe que devait célébrer M. l'Archiprêtre. A peine avait-on franchi le seuil intérieur, orné de vingt-cinq couronnes suspendues, symbolisant les vingt-cinq années, dont chacune aurait suffi pour mériter au bon pasteur la couronne éternelle, que l'on s'arrêtait quelques secondes à promener un regard émerveillé dans l'enceinte de la vieille Basilique, parée comme une épouse pour son époux, *paratam sicut sponsam ornatam viro suo*, rajeunie, rayonnante et comme transfigurée, soit par les vertes guirlandes qui se croisaient partout en dessins variés, ou par les soyeuses bannières que les différentes Congrégations avaient appendues aux arceaux et aux piliers.

Au moment où l'enfant de chœur a donné le coup de clochette qui annonce le commencement du Saint Sacrifice, l'assistance, trop nombreuse pour la vaste église, débordait sous les deux portiques. Bientôt la maîtrise et le lutrin unissaient leurs voix dans le chant solennel de la grand'messe, avec un entrain et un ensemble où perçait le souci de la perfection et où vibrait la note du cœur. Le bon curé, de son côté, a chanté les Oraisons, la Préface et le *Pater* d'une voix de jeunesse, de cette voix grave et timbrée qui nous charma il y a vingt-cinq ans et qui paraît n'avoir rien perdu de son ampleur et de sa sonorité.

Après le Saint Sacrifice, et pendant que l'assemblée entière laissait éclater sa reconnaissance et sa joie dans le cantique de l'action de grâces, *Te Deum laudamus,* une procession intérieure permettait à M. l'Archi-prêtre, précédé du clergé et suivi de la Fabrique, de traverser à pas lents les rangs pressés et recueillis de ses paroissiens : marche vraiment triomphale.

Si belles que fussent ces cérémonies du matin, elles allaient être éclipsées par celles de l'après-midi. En effet, à l'heure des vêpres, la foule est plus compacte et non moins recueillie, le clergé s'est augmenté de nombreux amis et de presque tous les anciens vicaires : ceux-ci avaient revendiqué pour un jour leur place d'autrefois auprès du pasteur bien-aimé. Que de souvenirs, pour les fidèles, dans la présence simultanée de ces prêtres, successivement mêlés aux joies et aux tristesses des familles croyantes, baptêmes, derniers sacrements, funérailles, candides aveux de la petite enfance, aimables leçons des deux catéchismes, bonheur idéal de la première communion ! Tous ces intimes et doux souvenirs reprenaient corps et vie en quelque sorte avec ceux qui les représentaient : bien des paupières se sont mouillées de douces larmes.

Les vêpres ont été chantées alternativement par le chœur et par le peuple; car, à Saint-Seurin, paroisse des bonnes traditions, tout le monde chante, Dieu merci ! et nulle musique au monde ne vaut, comme édification et même comme effet, les accents unanimes de tout un peuple qui loue et bénit le Seigneur. Le *Magnificat* terminé, M. l'abbé

Buche, vicaire général, est monté en chaire pour donner une voix aux sentiments contenus de la multitude et préciser le sens mystique de la fête.

Essayer de louer cette parole doctrinale et substantielle autant qu'élégante et gracieuse, analyser cette diction qui coule de source avec l'abondance et la limpidité des eaux vives, serait travail superflu, puisqu'il m'est permis d'offrir au lecteur les passages du sermon se rapportant plus directement au héros du jubilé :

« ..... A cette fête de la Dédicace des Églises qui se célèbre aujourd'hui, votre piété filiale a voulu en ajouter une autre : l'Église ne l'a point prescrite, mais elle l'encourage et la bénit. Il y a vingt-cinq ans qu'une grande joie succédait à un grand deuil. Vous aviez pleuré un pasteur vénéré, digne de tous vos regrets et dont la mémoire sera toujours en bénédiction. A la vue de tant d'œuvres qui avaient besoin d'appui, des sacrifices que réclamerait longtemps encore la

restauration si heureusement inaugurée de
votre magnifique Basilique, du mouvement
religieux imprimé à votre paroisse par une
direction si sage et si ferme en même temps,
vous vous demandiez avec anxiété quel bras
pourrait suffire à tant de travaux, quel cou-
rage serait assez ferme pour porter le poids
d'une si grande responsabilité, quel cœur
serait assez grand pour savoir se dévouer et
remplacer auprès de vous le Père que vous
aviez perdu. Et voilà que la Providence envoyait au milieu de vous un prêtre, jeune
encore, qu'elle avait choisi pour continuer
l'œuvre commencée et travailler à la sanctification de vos âmes. Troublé d'abord, quand
il entendit la voix de son évêque, à la pensée
de la responsabilité qui allait peser sur lui,
il se rappela qu'il avait courbé sa tête sous
le joug de l'obéissance, et il répondit comme
le Prophète : « *Ecce ego, quia vocasti me* ». Ce
n'était pas un inconnu pour vous, car
malgré sa vie modeste et retirée, l'éclat de
son mérite brillait aux yeux de tous; vous
saviez son histoire, ses travaux, les œuvres

de son zèle : le passé vous répondait de l'avenir.

» Dieu avait placé son berceau sur une terre bénie, parmi les replis de ces gracieuses collines qui se mirent dans notre belle Garonne, auprès d'un pèlerinage vénéré. La première chose qui avait frappé ses regards, c'était l'image de Marie, et il pouvait dire à Notre-Dame de Verdelais comme un illustre évêque à Notre-Dame de Chartres : « *Tuus sum ego* ». C'est dans ce sanctuaire béni qu'il apprit à connaître, à aimer Dieu, à prier et à bénir Marie. Entré au Petit-Séminaire de Bazas, il prit sa place dans les premiers rangs, il fut l'enfant de prédilection du vénéré Supérieur que tous nous avons tant aimé, il sut se rendre cher à ses maîtres et à ses condisciples et y conquérir des amitiés qui lui sont restées constamment fidèles.

» Maître entre les maîtres, à un âge où beaucoup sont encore disciples, il commença cet enseignement de la rhétorique qui a jeté tant d'éclat et auquel rendent un magnifique témoignage les élèves si distingués qui ont eu l'avantage de recevoir ses leçons. Les *Éloges Historiques* prononcés à la fin de chaque année et qui vivent dans tous les souvenirs lui ouvrirent les portes de l'Académie de Bordeaux. Depuis, la chaire sacrée avait plusieurs fois retenti de sa parole et ces premiers essais annonçaient à l'avance le pasteur éloquent que depuis vingt-cinq ans vous êtes si heureux d'entendre. Son Éminence voulut récompenser tant de travaux en nommant M. Gaussens chanoine honoraire ; et déjà, dans sa pensée, elle le destinait à un des postes les plus importants de sa ville épiscopale ; pour le préparer à ce ministère, elle le nomma dans la contrée la plus chrétienne peut-être du diocèse, à la cure de Queyrac. Au bout de deux ans, l'épreuve était jugée suffisante et au récit des œuvres accomplies, vous étiez heureux, vous étiez fiers du choix de Son Éminence, et vous disiez : « Béni soit celui qui vient au nom du Seigneur », *Benedictus qui venit in nomine Domini.*

» Cher et vénéré Confrère, je ne fais que

de l'histoire, je me suis interdit toute parole
d'éloge; votre modestie ne les porterait
qu'avec peine, et cette vieille amitié qui
remonte aux premiers jours de mon sacerdoce, qui s'est formée dans l'unité d'une vie
commune, dans le partage des mêmes travaux, qui s'est conservée malgré la double
épreuve du temps et de l'éloignement et se
retrouve aujourd'hui toujours la même, suf-
firait pour me l'interdire, alors même que je
saurais, ce que je n'ai jamais su, faire ún
compliment.

» Mais si je me tais, Mes Frères, vous
parlez pour moi et cette fête des noces
d'argent de votre pasteur, née spontanément
de votre piété et de votre affection filiale,
redit bien mieux que toutes mes paroles
combien vous aviez raison, en voyant, il y a
vingt-cinq ans, votre nouveau pasteur arriver
au milieu de vous, de vous écrier, la joie et
l'espérance dans le cœur : « *Benedictus qui venit
in nomine Domini* ».

» Et maintenant, Mes Frères, puisque je
suis appelé à prendre la parole dans cette

solennité, je ne sortirai pas du sujet que vous me tracez vous-mêmes, j'entrerai dans votre esprit et je vous dirai ce que l'expérience de chaque jour vous apprend, mais ce qu'il est nécessaire de rappeler, de nos jours surtout, où le sacerdoce est l'objet de tant de haines imméritées, de tant d'outrages et de tant de mépris. Il y a quelques semaines, j'assistais avec bonheur à votre belle fête de Saint Seurin; j'admirais cet immense concours de fidèles, la pompe et la majesté des cérémonies, la beauté du chant mêlé aux accords harmonieux de l'orgue, et je me disais qu'aux jours de son Chapitre et de sa plus grande splendeur, jamais votre magnifique Basilique n'avait eu autant d'éclat. Or, dans les offices de cette belle fête, une pensée m'a frappé. Elle rappelle, en faisant le plus bel éloge de Saint Seurin, ce qu'est l'évêque :

« *Pastor est curâ, — Pater est amore,*
— Voce magister ».

» Pasteur par la sollicitude, père par

l'amour, maître par l'enseignement : voilà le portrait de l'évêque, et par suite ce que doit être le curé qui le remplace auprès des populations. . . . .

Voce magister.

» ... Il y a vingt-cinq ans que, d'une voix ou plutôt d'un cœur qui ne se lasse pas, votre pasteur vous donne un enseignement que vous ne vous lassez jamais d'entendre : sûreté de doctrine, élévation de la pensée, grâce du style, mouvements du cœur, tout donne à cette parole un entraînement dont votre piété rend le plus magnifique témoignage. Grâce à Dieu, cette parole est fixée, elle ne périra pas, elle est entre vos mains, vous pouvez la lire, la méditer avec fruit; d'autres la liront aussi, et les anciens élèves qui ont appris de lui les belles-lettres trouveront dans les œuvres de votre pasteur l'exemple, le modèle de la parole évangélique; et, ce que tout le monde dit ne peut passer pour un compliment, il est vraiment maître dans la parole : « *Voce magister* ».

» Vous l'avez admirablement compris, Mes Frères, et voilà ce qui explique cette belle fête, née spontanément de vos cœurs, comme je le disais en commençan tce discours : c'est le témoignage filial de votre reconnaissance et de votre amour. Vous avez voulu lui en donner une preuve durable, et ce matin, à l'autel du Dieu qui renouvelle sa jeunesse sacerdotale, il tenait dans ses mains tremblantes un calice d'or : les images de Notre-Dame de Verdelais, de Notre-Dame de la Rose, de l'humble femme qui essuya la face du Sauveur, de tous les saints protecteurs de votre église, les gloires de Saint-Seurin, les souvenirs personnels de votre pasteur, s'y retrouvent et lui rappellent que, lorsqu'il offre le Saint Sacrifice, tous ceux qu'il représente prient avec lui, prient pour lui, prient pour une paroisse qui sait si bien apprécier le zèle et le dévouement sacerdotal.

» Vous lui avez offert un calice précieux, et vous avez bien fait ; ce sera pour lui un souvenir permanent de votre affection. Mais laissez-moi vous le dire, Mes Frères, votre pasteur ne se laisse pas vaincre en générosité, et tous les jours il offre à Dieu des calices plus beaux, plus précieux encore, des calices que la main de l'homme n'a point faits et que Dieu lui-même a consacrés. Ces calices, ce sont vos âmes rachetées au prix du sang de Jésus-Christ, vos âmes purifiées par la pénitence, et où Notre-Seigneur descend si souvent par la sainte Communion. Oh! soyez, âmes pieuses et fidèles, saintement jalouses de la pureté de ces calices, conservez-les par la grâce de Dieu dans tout leur éclat; et vous, qui auriez malheureusement profané vos âmes par le péché, apportez ces calices à votre pasteur, il sera si heureux de les purifier, de les réconcilier et de les remplir du sang divin du Sacrifice.

» Que cette belle fête ait donc, Mes Frères, une conséquence pratique; que les âmes pieuses se sanctifient davantage; que les tièdes se réchauffent; que les pécheurs se convertissent et qu'ils vivent : ce sera la gloire, la consolation du pasteur, car, dans son cœur comme au Ciel, il y a encore plus de joie pour la conversion d'un pécheur que pour la persévérance des justes.

» Et maintenant, cher et vénéré pasteur, mon vieil ami, mon frère d'armes, pardonnez-moi, si, en disant simplement la vérité, j'ai blessé votre modestie; mais, si je m'étais tu, cette antique Collégiale, revêtue d'un nouveau titre et si splendidement restaurée, aurait répondu aux vœux de tous, et les pierres auraient trouvé une voix éloquente, *lapides clamabunt*. Et cette assemblée tout entière, cette paroisse si reconnaissante et si dévouée, n'est-elle pas encore le plus beau, le plus complet de tous les éloges?

» Encore un mot, un dernier mot, qui est dans la pensée et qui jaillit du cœur de tous. Que longtemps encore vous puissiez continuer à faire le bien, vous puissiez gagner à Dieu un plus grand nombre d'âmes, vous puissiez voir vos enfants, comme de jeunes plants d'olivier, pleins de grâce, de force et de beauté, donner des fruits abondants qui seront la consolation de votre vieillesse! Donc, bien cher frère et ami, au nom de votre paroisse bien-aimée, au nom de votre Conseil de Fabrique si dévoué, au nom de vos vicaires qui vous aiment et vous vénèrent comme un père, au nom d'un frère plus heureux que vous encore en ce jour de fête, au nom de tous vos amis, de tous vos confrères dans le sacerdoce, au nom d'une vieille amitié qui m'est chère et dont je suis justement fier, *ad multos annos !* que Dieu accorde à votre troupeau le bonheur de vous conserver longtemps : *ad multos annos !*

» Et quand, après de longs jours, comme le moissonneur à la fin de sa journée, vous irez recevoir votre récompense, environné de cette multitude d'âmes conservées, fortifiées, sanctifiées par vos soins, vous pourrez dire avec une sainte confiance : « Me voici, mon Dieu, avec les enfants que vous m'avez donnés : *Ecce ego et pueri mei, quos dedit mihi Deus* ».

Tenue en haleine, et comme sous le charme, pendant les trois parties de ce discours, l'attention a redoublé lorsqu'on a compris

que l'ami voulait répondre à son ami, que
le pasteur désirait parler à son cher troupeau, que le Père allait verser le trop plein
de son âme dans le cœur de ses enfants.
L'allocution de M. Gaussens justifie trop
parfaitement les éloges adressés au *Maître*
par M. le Vicaire Général, *voce magister,* pour
que je hasarde le moindre commentaire.
Lisez plutôt :

« Mes Frères, vous avez voulu célébrer
mes noces d'argent. Je vous en remercie, je
vous en remercie tous, puisque cette fête,
comme le disait M. le Vicaire Général, a
jailli spontanément du cœur de tous. Vous
avez craint sans doute que je n'atteignisse
pas mes noces d'or. Qui peut se promettre,
en effet, ces longs jours, cette cinquantaine
sacerdotale à laquelle si peu parviennent?

» Pour célébrer mes noces d'argent, vous
avez choisi le jour de la Dédicace des Églises,
de cette église en particulier qui nous est à
tous si chère. Je vous en remercie encore.
Le choix est bon. De cette manière, les deux

fêtes, celle du pasteur et celle de l'église, se confondent ensemble, et je puis croire qu'une bonne part des honneurs que vous me faites s'adresse à l'insigne Basilique que j'épousai il y a vingt-cinq ans. Je m'abrite ainsi derrière elle, et ma confusion est moins grande, en présence de ces témoignages si affectueux et si éclatants dont je suis l'objet de votre part.

» Aussi bien, c'est la mémoire, et comme le renouvellement de nos épousailles à tous deux, que vous solennisez aujourd'hui. Voyez comme l'épouse s'est parée et a revêtu ses plus beaux habits de fête ! On sent qu'il s'agit aussi pour elle d'un anniversaire béni.

» Elle est toujours jeune, elle ! A chaque nouveau pasteur qui lui vient, elle reprend une jeunesse nouvelle. Il n'en est pas de même du pasteur, qui peut dire avec le prophète royal : « *Junior fui; etenim senui* ». Mais je ne regrette pas d'avoir vieilli, mes Frères, puisque j'ai vieilli parmi vous et en travaillant pour vous.

» Quoi qu'il en soit, il y a vingt-cinq ans,

un Vicaire Général, mon maître, autrefois, mon ami, mort depuis sur le siège épiscopal de Saint-Brieuc, M. l'abbé Martial, m'introduisait pour la première fois dans cette église, que venait de quitter, au milieu des larmes de ses paroissiens, M. l'abbé de Soissons, pasteur si regretté et si digne de l'être.

» Aujourd'hui, un autre Vicaire Général, mon ami aussi, mon collègue autrefois dans l'enseignement, au Petit-Séminaire, est venu resserrer en quelque sorte mes liens avec mon église, en présidant la solennité de mes noces d'argent.

» Vingt-cinq ans ! quel espace de temps considérable dans la vie d'un homme, d'un curé ! Vingt-cinq ans ! que d'événements accomplis durant cet intervalle ! Que de choses survenues dans vos familles, choses joyeuses et choses tristes, et dont j'ai pris ma grande part ! Car vous savez, mes Frères, que vos joies sont mes joies, et vos douleurs mes douleurs. Que d'existences disparues ! Que d'autres arrivées à la vie et qui sont aujourd'hui dans leur fleur !

» Vingt-cinq ans! Que de place en vingt-cinq ans pour les actes du saint ministère, pour la prière publique, pour la prédication, pour l'administration des sacrements, pour le soin des malades, pour le soulagement des malheureux, pour l'instruction de l'enfance, pour la formation de la jeunesse chrétienne! Toutes ces œuvres, et tant d'autres qui doivent remplir la vie du pasteur, se trouvent-elles dans ces vingt-cinq ans et dans la mesure où elles devraient s'y trouver? Ah! que je voudrais pouvoir vous dire, Mes Frères, ce que Saint Paul disait, en les quittant, aux vieillards d'Éphèse : « Vous savez ce que j'ai toujours été avec vous, depuis le premier jour que je suis arrivé ici, servant Dieu en toute humilité, dans le travail et les épreuves. Vous savez que je n'ai rien négligé pour vous instruire de ce qui pouvait vous être utile, vous prêchant publiquement et dans les maisons, ne cessant jour et nuit d'avertir chacun de vous avec larmes! » Ah! que je voudrais pouvoir ajouter avec le même apôtre : « Je suis pur du sang de tous. Si quelqu'un a péri, sa

perte ne peut m'être imputée ». (Act., ch. XX).
Non, je ne saurais tenir ce langage. Il y aurait
présomption de ma part à le tenir.

» Et toutefois, si je n'ose pas me l'avouer
à moi-même, vous, Mes Frères, vous semblez me dire, par votre assiduité aux saints
offices et à la prédication, par votre empressement habituel autour des tribunaux sacrés
et de la table eucharistique, vous semblez
me dire que mon ministère parmi vous n'a
pas été tout à fait stérile. Vous avez bonne
renommée dans la ville et dans le diocèse;
votre foi est annoncée partout, *fides vestra
annuntiatur ;* on parle des œuvres catholiques
qui fleurissent dans cette paroisse, de ces
œuvres saintes qui sont comme l'épanouis-
sement de la vie chrétienne, Conférence de
Saint-Vincent de Paul, Cercle Catholique,
Patronage des Apprentis, Sociétés de Persévérance, Dames de Charité, Mères de famille,
Confréries diverses, en un mot, un asile
ouvert parmi vous pour tout âge, tout sexe,
toute condition, aux âmes qui veulent se
sauver et échapper au déluge du mal. Oui,

les œuvres sont nombreuses à Saint-Seurin,
et je suis heureux de voir appendues aux
piliers de la vieille Collégiale les splendides
bannières sous lesquelles s'abritent ces portions choisies, ces glorieuses fractions de la
grande famille paroissiale. Un étranger qui
entrerait en ce moment dans la Basilique,
fût-il ennemi de notre foi, pourrait-il s'empêcher de s'écrier, comme autrefois Balaam,
à la vue de l'armée d'Israël au désert : « Que
tes tentes sont belles, ô Israël, que tes pa-
villons sont beaux, ô Jacob ! »

» Il est vrai, il y a des œuvres à Saint-
Seurin qui font notre consolation et notre
joie ; mais la terre qui les a produites avait
été si bien préparée par mes vénérés prédécesseurs, et en particulier par celui à qui j'ai
immédiatement succédé, par M. de Soissons !
C'est lui qui a véritablement fondé la paroisse ; c'est lui qui l'a établie sur des bases
solides, qui lui a donné les habitudes religieuses, qui l'a dotée d'écoles chrétiennes et
de pieuses associations. Nous avons ici des
témoins et des complices de son zèle. Ils ne

démentiront pas le témoignage que je lui rends, que je rends aussi à ses jeunes collaborateurs, qui devinrent plus tard les miens. En arrivant à Saint-Seurin, mon ambition a été de maintenir dans cette paroisse le bien que M. de Soissons y avait fait, tout au plus de donner à ce bien commencé les développements naturels que le progrès du temps lui devait apporter. L'élan étant donné, il n'y avait qu'à le soutenir.

» J'ai trouvé pour cela, je dois le dire aussi, un merveilleux secours dans la jeune ardeur des aides de choix que la Providence m'a départis durant ces vingt-cinq ans. Vous les voyez ici tous ou presque tous réunis pour cette fête, entourant leur curé de leur filiale affection et de leurs persévérantes sympathies. Après m'avoir aidé, pendant de longues années pour la plupart, des efforts de leur zèle et du concours précieux de leurs talents, ils reviennent comme des enfants à la maison paternelle qui leur est demeurée chère; ils visitent de nouveau le champ qu'ils ont arrosé avec moi de leurs sueurs.

Aujourd'hui, ils en cultivent d'autres avec le même entrain qu'ils mirent à travailler à celui-ci. Ils sont eux aussi à leur tour pasteurs de peuples. L'un d'eux, que je suis fier d'avoir à mes côtés, porté par son mérite aux plus hauts rangs de la hiérarchie sacrée, a reçu de la Providence la mission de former de ses mains et de préparer les pasteurs de ce diocèse. Tous, réunis dans cette enceinte, avec les insignes de leurs dignités respectives, restituent à la vieille Collégiale ses gloires passées, et lui refont un Chapitre ou plutôt une couronne sacerdotale telle qu'elle n'en eut peut-être jamais de plus belle.

» Aujourd'hui, l'église de Saint-Seurin possède un titre qu'elle n'avait pas jadis, le titre de *Basilique,* don suprême et en quelque sorte legs sacré d'un Pontife qui a été la gloire de ce siècle, de l'immortel Pie IX. Ce titre, inscrit au front de la Collégiale, est pour elle le plus riche et le plus glorieux des diadèmes.

» Vous le voyez donc, Mes Frères, c'est

aujourd'hui la fête de cette église aussi bien
que celle de son pasteur. Aimons-la, cette
église, et continuons à l'embellir de notre
mieux. Nous avons poursuivi durant cette
période de vingt-cinq ans l'œuvre commencée par mon vénéré prédécesseur. Nous
avons, avec le concours si dévoué et si
intelligent de Messieurs les Administrateurs,
restauré, rajeuni, édifié bien des choses
ici, et, en dernier lieu, comme couronnement de ces restaurations et de ces embellissements, nous avons fait la triple chapelle de Saint-Martial, de Saint-Joseph et
du Sacré-Cœur. C'est là, j'ose le dire, notre
œuvre maîtresse, non point que nous de-
vions nous en enorgueillir, pas plus que
des autres, mais c'est, de toutes, celle qui
réjouit le plus notre cœur et satisfait le
mieux notre piété. Nous avons ouvert là
trois sanctuaires qui seront et sont déjà pour
la paroisse de Saint-Seurin trois sources
inépuisables de grâces.

» Et cependant, Mes Frères, l'édifice qui
doit surtout appeler notre attention, c'est

l'édifice spirituel; ce que nous devons soigner principalement, ce sont non pas les pierres, mais les âmes. Le bien des âmes, la sanctification, la régénération des âmes, le salut éternel des âmes, voilà quel doit être le premier, le plus important objet des pensées et des efforts d'un pasteur. Il est vrai, les temps sont mauvais. Des obstacles se dressent aujourd'hui devant la religion, qui entravent nos desseins et nous rendent le bien singulièrement difficile. Mais ne nous laissons pas abattre, Mes Frères, ne nous abandonnons pas à un découragement prématuré. S'il faut lutter, luttons, mais luttons avec ensemble. Ensemble travaillons à la gloire de Dieu, à l'éducation de l'enfance, à la préservation de la jeunesse, à la sanctification des familles, au maintien de la piété et des bonnes mœurs.

» Pour tout cela nous serons unis, unis de cœur, unis d'affection, unis de pensées, unis de vues, unis d'espérances. Nous serons unis entre nous et unis avec le premier Pasteur de ce diocèse, qui nous a parlé tout à l'heure par son digne et fidèle interprète; nous serons unis par notre bien-aimé Cardinal au Père commun des chrétiens, au Pontife suprême de l'Église, unis par notre docilité à ses enseignements et par notre soumission à ses ordres. Nous serons unis sur la terre, selon le vœu du divin Maître, afin d'être unis dans le Ciel. C'est là que nous célébrerons, non plus nos noces d'un jour, mais nos noces éternelles, nos noces d'or cette fois, nos noces avec Dieu, avec sa gloire, avec sa félicité.

» Tels sont, Mes Frères, les vœux que j'ai présentés à Dieu pour vous et pour moi, ce matin, quand j'élevais vers le ciel le calice que votre piété filiale a bien voulu m'offrir en ce jour. Ce calice, il restera dans l'église de Saint-Seurin comme un monument de votre amitié pour votre curé; il dira à toutes les générations à venir ce que nous avons été les uns pour les autres, le pasteur pour le troupeau et le troupeau pour le pasteur; il dira que nous n'avons tous fait qu'un, *cor unum et anima una*. Puissions-nous, après avoir été unis dans le temps, être unis aussi dans l'éternité! Ainsi soit-il. »

Enfin, la bénédiction du Très Saint Sacrement est venue clore la fête religieuse au milieu d'une illumination splendide; l'autel et le sanctuaire, décorés avec le meilleur goût, étincelaient de mille feux. Les observateurs ont remarqué en particulier qu'aux deux magnifiques couronnes du chœur, il s'en était adjoint une troisième de même forme et de même dimension, et ils se sont demandé si cette décoration empruntée ne se transformerait pas bientôt en décoration définitive. Toujours est-il qu'elle complèterait très bien l'ornementation habituelle du sanctuaire, car elle était d'un bel effet.

Entre la messe et les vêpres, l'interminable défilé des visiteurs avait commencé pour ne s'interrompre que pendant les offices et ne s'arrêter qu'à la tombée de la nuit. Le presbytère, où s'amoncelaient des bouquets superbes, ne désemplissait pas une minute. Parmi les Congrégations et les Sociétés qui ont présenté des compliments à M. le Curé, j'ai reconnu au passage la Conférence de Saint-Vincent de Paul, le Patronage des Apprentis, le Cercle Catholique, les catéchismes, les pensions, les écoles libres, l'orphelinat, etc.

Le soir, un banquet offert à M. Gaussens par ses meilleurs amis réunissait autour de sa table le clergé de la paroisse, les fabriciens, tous les anciens vicaires, sauf trois absolument empêchés, et quelques familiers des plus intimes; en tout trente convives. Les organisateurs de ce festin, délicat autant que somptueux, m'en voudront-ils beaucoup si je prétends que l'esprit et le cœur ont eu leur régal plus délicat et plus somptueux encore, — sans comparaison? Non, sans doute; puisque ce sont les mêmes, en partie, qui ont fait les frais de l'un et de l'autre. Toutes les cinq ou dix minutes, un des convives se levait, demandait la permission d'interrompre le cours des conversations privées et prononçait quelques mots d'éloge et d'amitié que soulignaient de chaleureux applaudissements.

M. l'abbé Delmas, Sulpicien, Supérieur du Grand-Séminaire, a parlé le premier au nom des anciens vicaires. Une main familièrement posée sur le bras de M. Gaussens, son voisin de droite, et dans l'attitude aisée d'un simple et amical épanchement, M. le Supérieur a donné un petit speach qui a été regardé comme l'événement de la soirée : choix des pensées, délicatesse des sentiments, intimité des aperçus, grâce de la forme, naturel du débit, tout concourait pour en faire un petit chef-d'œuvre. Au surplus, jugez-en par vous-même ; — ce n'est pas sans peine que nous l'avons arraché à la réserve professionnelle et à la modestie personnelle de l'orateur :

« Monsieur le Curé,

» Sera-t-il permis à un de vos vicaires, au nom de tous les autres, d'associer sa voix à celles qui vont faire votre éloge, et d'apporter sa petite note dans ce concert? Du reste, rassurez-vous : ce ne sera pas une note discordante. S'il s'est rencontré, — ce que j'ai peine à croire, — des vicaires dont les curés eussent à craindre la trop clairvoyante malignité, vous n'en avez jamais eu, vous n'en aurez jamais de tels.

» Il est rare, dit-on, qu'un homme, même parmi les plus accomplis, gagne à être vu de trop près. Il faut croire, Monsieur le Curé, que vous faites exception à cette loi. Plus on vous approche, plus on vous estime. Outre les qualités qui éclatent à tous les yeux, il en est chez vous d'autres, peut-être plus rares, qui se dérobent ou se réservent, et dont on ne pénètre le secret que lorsqu'on a le bonheur de vivre dans votre intimité. Celles-là, il n'y a que vos vicaires qui les puissent connaître. Pardonnez-leur d'en trahir aujourd'hui l'existence. C'est la seule trahison dont vous aurez à vous plaindre de leur part.

» Je ne dirai pas, Messieurs, ce que des voix plus autorisées diront bientôt beaucoup mieux que je ne pourrais le faire.

» Je ne dirai pas ce que fut le professeur,

dont les plus illustres disciples s'honorent d'avoir reçu les leçons, et qu'ils se plaisent à appeler d'un nom, témoignage tout à la fois de leur vénération et de leur affectueuse reconnaissance : *le Maître.*

» Je ne dirai pas ce qu'est depuis vingt-cinq ans le pasteur, le pasteur dont le zèle, au lieu de décliner, semble rajeunir avec les années, et puiser de jour en jour une vigueur nouvelle aux sources vives d'une inépuisable charité; le pasteur dont la voix infatigable distribue à son peuple la plus saine doctrine, revêtue des charmes du langage le plus pur et le plus élevé; le pasteur dont la main ne se lasse jamais à verser des trésors sur toutes les misères, pas plus que le cœur à répandre des consolations sur toutes les douleurs; le pasteur, enfin, dont l'intelligence ou plutôt le sens éminemment chrétien et sacerdotal sait comprendre et apprécier toutes les œuvres, et dont l'active sollicitude a su procurer à sa paroisse l'avantage de les voir toutes prospérer et fleurir.

» Je ne dirai pas que son église n'est pas

plus négligée que les âmes dont il a la charge, et qu'il suffit d'entrer dans sa belle Basilique pour reconnaître avec quel intelligent amour il préside à son embellissement.

» Ce que je veux dire, cher Monsieur le Curé, puisque la circonstance me le permet, et que votre modestie, aujourd'hui, n'a pas le droit de m'imposer silence, ce que je veux dire, au nom de tous mes confrères, c'est ce que vous avez été pour nous.

» Comme nous nous estimons favorisés d'avoir fait, sous votre conduite et avec l'aide de vos conseils, l'essai toujours si difficile du saint ministère! Avec quelle sagesse et quelle sûreté vous dirigiez notre inexpérience! Avec quelle prudence vous saviez contenir, sans l'éteindre, une ardeur trop exposée à s'égarer! Avec quel bienveillant intérêt vous encouragiez nos efforts, vous applaudissiez à nos succès! Comme vous en étiez heureux! Comme vous aimiez à nous en laisser l'honneur, quand, au moins pour la principale part, vous auriez pu en reven-

diquer la gloire! Ne vous revenait-elle pas
en effet? Il n'est que juste de voir surtout la
cause du bien que nous avons pu faire dans
cette habile distribution du travail, qui le
mesurait à chacun selon ses forces et l'ap-
propriait à ses diverses aptitudes. Nous en
étions les instruments; vous en étiez l'âme;
et, parmi tous vos mérites, ce n'est certes
pas le moindre que cet art si rare et en vous
si accompli d'employer vos auxiliaires, en
leur laissant une légitime part d'initiative,
sans renoncer pourtant tout à fait à diriger
leur action.

» Mais, après le devoir accompli au dehors,
quand nous rentrions au presbytère, quel
aimable et doux intérieur! Quels faciles rapports, quelle charmante cordialité! Quel
oubli de votre autorité, pour vous faire
presque notre égal! Et vous y auriez réussi,
à force de simplicité, d'affabilité, de condescendance, si une supériorité naturelle, dont
il ne vous était pas aussi facile de vous
défaire que d'en abdiquer la prétention, ne
vous avait maintenu, jusque dans l'abandon

de la vie intime, à la place qui vous revenait
de droit. Tel vous étiez autrefois, tel vous
êtes toujours. Aussi aimons-nous à le proclamer : pas un d'entre nous qui ne soit
heureux d'avoir été votre vicaire.

» Pour moi, cher Monsieur le Curé, le
ministère auquel la divine Providence m'a
appelé n'est pas celui dont j'avais fait auprès
de vous l'apprentissage. Ce n'est pas cependant sans profit pour la mission qui
m'est confiée que j'ai vu, pendant neuf ans,
réalisé sous mes yeux, le type d'un excellent
prêtre. Quand je veux en offrir le modèle à
nos jeunes gens, je sais où le prendre. Ce
prêtre, je l'ai connu, j'ai vécu avec lui, je
l'ai vu à l'œuvre ; et pour le peindre, pour
en tracer le portrait, je n'ai qu'à consulter
et à rassembler mes meilleurs et mes plus
chers souvenirs. »

M. Fabre de La Bénodière, Conseiller à la
Cour, a parlé au nom de la Société de
Saint-Vincent de Paul, dont il est le zélé
Président. Dès les premiers mots, il a sur-

pris et dérouté ses auditeurs par la tendresse, la douceur et l'étrangeté de son
langage : il avait exhumé des œuvres du
bon M. Vincent, le père des pauvres, son
modèle préféré, une page exquise, à laquelle
d'ailleurs il a su donner une suite de même
genre et de même inspiration :

« CHER ET VÉNÉRÉ PASTEUR,

» Je n'ai jamais connu une si aimable
» bonté que la vôtre, et si j'avais autant de
» grâce que vous, je vous ferais un des plus
» beaux remerciements que vous ayez jamais
» reçus.

» Notre-Seigneur ne me donnant pas cette
» suffisance, je le prie qu'il soit lui-même
» ma capacité pour cela; et qu'il fasse bien
» connaître à votre bon cœur l'estime que
» toute notre Congrégation et moi en par-
» ticulier faisons de vous, et l'invariable et
» très tendre affection qu'il a plu à la divine
» Majesté me donner pour votre digne per-
» sonne. Je voudrais avoir des paroles ré-

» pondant à la reconnaissance que j'ai de la
» charité et des biens que cette pauvre petite
» Compagnie reçoit incessamment de votre
» libéralité. Je prie Notre-Seigneur qu'il en
» soit votre récompense, et qu'il vous aug-
» mente la couronne qu'il vous a préparée
» au Ciel, tandis que vous faites votre pos-
» sible d'établir son empire dans les âmes
» sur la terre ! (1) »

« A cet aimable et naïf langage, vous avez reconnu le bon *Monsieur Vincent.* C'est en effet lui, c'est notre Saint Patron que j'ai voulu charger de vous dire notre reconnaissance et notre amour. Qui, mieux qu'un Père, pourrait vous remercier dignement de toutes les bontés dont vous comblez les plus humbles et les derniers venus de ses enfants, vous qui êtes « comme l'âme du bien » que nous essayons de faire à ses chers pauvres.

» Saint Vincent connaissait, d'ailleurs, la Collégiale de Saint-Seurin.

(1) *Lettre de Saint Vincent de Paul à M. Noël Brulard de Sillery, Commandeur de l'Ordre de Malte,* juillet 1637.

» Il y avait, en ce temps-là, un certain chanoine de Fonteneil (1) qui était « *son recours dans toutes les affaires qu'il avait de delà* », et auquel il écrivait « *comme au* Cœur de son Cœur *et à celui qu'il chérissait plus qu'il ne le pouvait exprimer* » (2).

» J'ai pensé que, présentés par un Saint, nos vœux seraient plus sûrement agréés par le Bon Dieu. Qu'il daigne les exaucer! Ils sont bien ardents et bien sincères : ils partent de cœurs qui vous sont profondément attachés et profondément dévoués.

» Que votre verte vieillesse se prolonge longtemps encore pour le bonheur de tous ceux qui vous connaissent et qui vous aiment!

» Que cette fête ne soit pas la dernière qui réunisse, pressés autour de vous, ces chers paroissiens que vous avez tous conquis

(1) M. D. Fonteneil, chanoine de Saint-Seurin, à Bordeaux, grand ami et admirateur de Saint Vincent. Il avait fondé une Congrégation de prêtres copiée sur celle de Saint Vincent.

(2) *Lettre à M. D. Fonteneil,* Paris, 29 août 1635.

par votre douceur, votre charité et vos vertus vraiment sacerdotales !

» Que vous aussi, notre cher Curé, vous dépassiez les années de Pierre !

» Qu'après vos noces d'argent, vous célébriez encore, au milieu de nous, vos noces d'or !

» Que Dieu bénisse le Pasteur bien-aimé et le troupeau fidèle !

» Et qu'au jour de la réunion éternelle dans la céleste patrie, aucun ne manque au rendez-vous, aucun surtout des membres de notre petite Conférence de Saint-Vincent de Paul de Saint-Seurin, que vous aimez tant et qui vous le rend bien ! »

C'était le tour de M. l'Archiprêtre de la Primatiale. Au nom des anciens élèves, qui n'auraient pu imaginer une plus parfaite démonstration de l'excellence de l'enseignement reçu qu'en se choisissant un pareil représentant, M. Raymond s'est exprimé ainsi :

« Messieurs,

» Après ce que vous venez d'entendre, je devrais me taire : ce serait le parti le plus sage et le plus prudent, et mon silence serait d'or. Mais nous sommes en présence d'un *sujet inépuisable.* Comment me taire? D'ailleurs, si vous avez exprimé au héros de cette fête votre reconnaissance, j'ai aussi le devoir et je sens le besoin de lui exprimer la mienne. C'est donc au nom des anciens élèves que je porte la santé de notre maître, de notre professeur de rhétorique.

» J'évoque un passé déjà lointain, des souvenirs de quarante ans; mais ces souvenirs sont de ceux dont le poète a dit : « *Forsan et hæc olim meminisse juvabit* ». Nous étions si heureux dans notre classe de rhétorique, sous sa direction : on ne l'a jamais vu se fàcher. Ce n'était pas notre faute, mais il était si bon, si patient!

» Comme il savait nous intéresser au travail! D'abord, nous avions confiance en

lui, quoiqu'il fût jeune encore. Les succès
récents de l'élève formaient autour du professeur comme une lumineuse auréole. Nous
aimions ses leçons avant de les avoir reçues.
Sa réputation nous donnait le désir d'apprendre : « *Primus discendi ardor nobilitas est
magistri* ».

» J'entends encore cette voix pleine, sonore, harmonieuse, que la Providence lui a
conservée et que vous êtes toujours heureux
d'entendre, Messieurs. Je le vois, le coude
appuyé sur sa chaire, le menton dans la
main, nous expliquant le Traité de Rhétorique de Victor Leclerc, ou bien, ce qui
nous charmait davantage, nous dictant, sur
les trois genres d'éloquence, un éloquent résumé de ses propres réflexions. Je le vois,
étalant à nos regards les trésors de cette littérature antique dont on fait aujourd'hui
trop bon marché, ou bien nous initiant à la
connaissance de ces éternels modèles de bon
sens et de goût qui étaient pour lui comme
des amis intimes dont il savait tous les
secrets.

» Comme il mêlait à propos l'exemple au précepte! Discours de circonstance, compliments, poésies, autant de petits chefs-d'œuvre qui formaient notre goût, développaient notre imagination et provoquaient notre jeune ardeur. Et les grands discours de fin d'année! c'étaient des événements dans notre vie écolière, ces discours qu'on écoutait avec tant de faveur, que la presse bordelaise reproduisait avec éloge, et auxquels l'Académie elle-même prêta l'oreille et accorda son précieux suffrage.

» Avec un tel professeur, comment le travail n'aurait-il pas été plein de charme! Aussi c'étaient des jours heureux que ceux-là, et vraiment, je voudrais y être encore, si je n'étais ici, à une si belle fête et dans une si aimable réunion.

» Mais si ces jours sont passés, l'enseignement reste encore. Il a changé de théâtre; il s'est transformé, agrandi, élevé. Cet enseignement, je n'en parle pas; je ne ferais qu'affaiblir ce que M. le Vicaire Général en disait tout à l'heure avec tant d'autorité et à la satisfaction de tous. D'ailleurs, vous êtes ses disciples aujourd'hui ; vous connaissez le dévouement, le savoir, la piété du maître : son éloge est dans tous vos cœurs.

» Merci donc encore une fois, cher Maître. Je voudrais que tous vos anciens élèves fussent ici, aucun ne me désavouerait, mais tous ensemble ils diraient avec moi : « Longs et heureux jours à notre cher professeur de rhétorique ! »

M. de Tréverret, au nom de ses confrères de l'Académie, a célébré en M. Gaussens l'alliance des lettres et de la religion, avec la cordialité de sentiments et l'atticisme de forme qui caractérisent l'éminent professeur à la Faculté :

« MONSIEUR L'ARCHIPRÉTRE,

» Je suis heureux d'être venu honorer en vous mon *pasteur* d'abord, et puis mon *ancien* à l'Académie. Je dis *ancien,* parce que les distinctions académiques vous sont, comme toutes les autres, arrivées de bonne heure, peu d'années vous ayant suffi pour les mériter mieux que personne. Jeune professeur de rhétorique au Petit-Séminaire, vous prononciez en 1842 l'éloge d'un homme d'État bienfaiteur de l'Église et des pauvres; onze ans après, vous rendiez le même hommage à la mémoire adorée du Cardinal de Cheverus; l'Académie, charmée, émue, vous couronna, et dès qu'elle le put, vous reçut dans son sein. Avant de régir cette paroisse, vous apparteniez déjà à la Compagnie, et vous comptez au moins vingt-sept ans d'union avec elle.

» L'alliance des lettres et de la religion vous a toujours été chère et sacrée; vous avez compris que les grâces de la parole sont aussi puissantes que les magnificences du culte pour captiver les âmes et les amener à Dieu. L'éloquence, la poésie, doivent travailler à rendre l'homme meilleur, lui rappeler sa céleste origine, lui faire aimer ses devoirs et lui montrer le Bien couronné des splendeurs du Beau. Tel a été le but de vos

efforts ; comme nos grands orateurs du
XVIIe siècle, vous vous êtes, dès votre jeunesse, partagé tout naturellement entre le
service du Seigneur et le doux commerce
des Muses devenues chrétiennes, entre l'É-
glise et l'Académie.

» Honneur donc à l'aimable poète, à l'académicien zélé, à l'éloquent et pieux panégyriste ! »

M. Meynard, doyen des curés de Bordeaux,
a loué avec une gravité attendrie l'homme
des traditions, le curé fidèle au souvenir de
ses prédécesseurs, le pasteur modèle.

M. le Curé de Saint-Michel ne prenait pas
garde, sans doute, qu'en s'exprimant de la
sorte, il faisait son propre éloge, au moins
autant que celui de son cher et vénéré confrère.

M. Daviaud, Président de la Fabrique, a
remercié et résumé les précédents orateurs
dans une improvisation charmante, pétillante
de verve et de saillies, pleine de tact et d'à-
propos. Voici un de ses *mots*, où la satire,

finement aiguisée, va de pair avec l'hommage, discrètement rendu. « Lorsque M. le Vicaire Général a retracé le portrait de l'évêque, *pastor curâ, pater amore, voce magister,* nous avons tremblé, en reconnaissant, trait pour trait, notre bien-aimé pasteur : fort heureusement, ce n'est plus à de tels hommes que pensent nos gouvernants. »

Enfin, M. Buche a pris une dernière fois la parole au nom de l'administration diocésaine, ou plutôt au nom de sa vieille et constante affection; les souvenirs de leur commun professorat ont eu le don de plaire à tous, même à ceux qui n'ont pas été élevés au Petit-Séminaire.

M. Gaussens ne pouvait rester silencieux et sans réplique sous le coup de ces multiples harangues, véritables trahisons de l'amitié. Il a voulu avoir la dernière avec chacun de ses panégyristes. Les sept réponses qu'il leur a faites, avec une remarquable présence d'esprit, ferment dignement l'aimable série de ces petits discours; — c'est le bouquet!

« Messieurs, je suis vraiment écrasé sous le poids des témoignages d'intérêt et d'affection qui me sont prodigués aujourd'hui. Durant ces vingt-cinq ans qui viennent de s'écouler, je faisais ma petite besogne tout doucement, tout modestement, sans bruit, sans éclat, et j'étais loin de prévoir qu'un ministère si humble et si caché aboutirait à une pareille explosion de triomphe. En vérité, ce jour est une révélation pour moi. J'étais un héros et je ne m'en étais pas encore douté. J'avais sans doute bien peu pratiqué le précepte antique : « Connais-toi toi-même ».

» Mais je soupçonne, Messieurs, que la bienveillance a suppléé au mérite, et que mes bons paroissiens ont pris mes intentions pour des réalités et mes faibles efforts pour des œuvres. Je leur dois d'autant plus de reconnaissance pour ces précieuses manifestations, gage de l'affection touchante du troupeau pour son pasteur. Je vous remercie en particulier, vous tous, Messieurs, qui avez bien voulu prendre place à cette réunion de famille; je remercie les orateurs que vous avez choisis pour interprètes de vos sentiments à mon égard.

» Et d'abord M. le Supérieur du Grand-Séminaire, M. l'abbé Delmas, qui a parlé au nom des vicaires. Il a fait de son ancien curé un portrait trop flatteur vraiment pour être ressemblant. Il a attribué au pasteur tout le bien qui s'est fait sous son pastorat. C'était justice ! N'est-ce pas toujours le général qui gagne les batailles ? Je me permettrai de contredire ici mon ami et ancien vicaire. Non, ce n'est pas le curé, ce sont les vicaires qui ont tout fait. Ah ! par exemple, je me reconnais volontiers le talent que M. l'abbé Delmas m'a attribué, celui de savoir distribuer la besogne entre mes chers coopérateurs. Je l'ai fait durant vingt-cinq ans, et ce qui m'a encouragé à poursuivre cette œuvre facile, c'est que jamais je n'ai trouvé de vicaire qui m'ait dit : c'est trop ! pas même qui m'ait dit : c'est assez ! D'ailleurs, jugez de mes anciens vicaires par ceux d'aujourd'hui.

» M. de La Bénodière vient de faire un tour de force, dont lui seul était capable. Il a fait de Saint Vincent de Paul un orateur de banquet; et vraiment nous ne saurions nous en plaindre, ayant respiré avec tant de charme ce parfum de simplicité, de charité et de gracieux archaïsme qu'ont exhalé les paroles du Saint. Mais Saint Vincent de Paul le lui pardonnera-t-il comme nous? Oui, car il est un de ses plus dignes fils, et un de ses plus dévoués disciples.

» M. de La Bénodière est presque du clergé de Saint-Seurin. Il remplit parmi nous, et avec un zèle au-dessus de tout éloge, les fonctions du diacre des premiers siècles chrétiens, qui allait, envoyé par l'évêque, porter les aumônes de l'Église aux pauvres, aux prisonniers, aux confesseurs de la foi. M. de La Bénodière pourrait bien, un de ces jours, célébrer lui aussi ses noces d'argent de serviteur des pauvres. Ce jour-là, les pauvres de Saint-Seurin dont il foule journellement le seuil, et qui connaissent si bien sa main généreuse, pavoiseront magnifiquement leurs humbles demeures.

» M. l'Archiprêtre de la Primatiale a rap-

pelé mon long professorat dans la chaire de
rhétorique, au Petit-Séminaire. Il a relevé
mon indulgence légendaire, défaut grave chez
un professeur avec des élèves tel que le fut,
sans doute, M. l'Archiprêtre, défaut pourtant
dont je ne saurais me repentir, puisqu'il m'a
fait autant d'amis que j'ai eu d'élèves. Pour
moi, je les ai toujours aimés, ces chers élèves,
et je les aime encore. J'ai même un faible à
leur endroit : c'est, je le dirai tout bas, que
je suis orgueilleux d'eux ; et lorsqu'on parle
devant moi d'un homme honorable bien posé
dans le monde, ou d'un prêtre ayant du
talent, des vertus, élevé par son seul mérite
aux plus hautes dignités ecclésiastiques, si ce
prêtre ou ce laïque reçut autrefois mes leçons,
je ne puis m'empêcher de dire : « C'est un de
mes élèves ». J'ai dit souvent cela de M. l'Archiprêtre de la Primatiale.

» M. de Tréverret, mon honorable collègue
à l'Académie, a bien voulu mettre en relief
mes titres littéraires. Depuis vingt-sept ans,
je fais partie de l'honorable Compagnie. Mais,
hélas ! c'est ici surtout qu'il ne faut pas me-

surer les services aux années. Le Curé a nui
à l'Académicien, et bien que les travaux
absorbants et positifs du ministère pastoral
ne m'aient pas ôté le goût des Lettres ni fait
abandonner le culte du Beau, ces soins jour-
naliers néanmoins et ces devoirs impérieux
m'ont détourné bien souvent des préoc-
cupations académiques. N'était l'année de
ma Présidence au sein du corps savant (1853),
durant laquelle j'ouvris les portes de l'Académie à deux illustres membres, M. le Dr Oré
et M. Dezeimeris, ces vingt-sept années offri-
raient une pauvre moisson. Je le regrette,
Monsieur et honoré Collègue; mais je me
console de mon inutilité en contribuant par
mes votes intelligents à donner à l'Académie
des membres plus utiles et plus laborieux
que moi.

» Vous avez parlé, Monsieur et vénéré
Confrère (M. Meynard), de mes vingt-cinq
années passées au sein de ce corps curial dont
vous êtes déjà depuis longtemps le doyen et
le modèle. Je me souviens avec bonheur
de l'accueil bienveillant et paternel que je

reçus de mes vénérables confrères, et de vous en particulier, à mon entrée dans cette assemblée respectable des Curés de Bordeaux. Vous aviez recueilli de nos anciens les traditions du passé, et vous les avez toujours religieusement conservées. Vous êtes encore parmi nous le type de ce bon ton, de ces manières distinguées, de cette gravité sacerdotale, toujours digne et toujours aimable, qui attire le respect et la confiance des peuples. J'ai toujours désiré me former sur vos exemples.

» M. Daviaud s'est fait l'organe des paroissiens de Saint-Seurin et de Messieurs les Administrateurs. Les uns et les autres ne pouvaient choisir un plus digne et plus noble interprète. M. Daviaud a donné à la paroisse et à moi des marques toutes particulières de dévouement. Il remplit au sein du Conseil de Fabrique les fonctions de Président avec une sagesse, une prudence et une compétence toutes spéciales. Ses avis sont toujours sûrs et profondément empreints de l'esprit chrétien. C'est là un

éloge que je puis étendre à tous les hono-
rables membres de la Fabrique : c'est qu'ils
comprennent le prêtre, qu'ils entrent dans
ses vues, non pas seulement pour la décoration du temple matériel, mais encore pour
l'édification du temple spirituel. Ils ont le
sens religieux, je dirais presque sacerdotal.
Je suis heureux de les remercier ici du bienveillant et intelligent concours qu'ils n'ont
cessé de prêter à mon ministère. J'adresse
les mêmes remerciements à ceux qui les ont
précédés depuis mon entrée dans la paroisse,
et qui reçoivent aujourd'hui là-haut la récompense de leur zèle pour la maison de
Dieu.

» M. l'abbé Buche a rappelé notre vieille
amitié, datant de plus de quarante ans,
notre fraternité d'armes au Petit-Séminaire,
où chaque jour nous nous voyions, où
chaque jour nous causions ensemble. Quand
M. Buche a quitté le siège de Bazas, où il
était quasi évêque, à la suite des Pontac et
des Saint-Sauveur, tout en plaignant les
Bazadais qui perdaient un tel pasteur, je

me suis réjoui de ce que la Providence nous rapprochait de nouveau, et j'écrivis à mon vieil ami : « Vous ne saviez pas, autrefois, passer devant la porte de ma cellule, au Petit-Séminaire, sans y entrer. J'espère que vous en userez de même à l'égard du presbytère de Saint-Seurin. » Je vous remercie, bien cher et digne ami, de tout ce que vous avez dit de flatteur pour moi aujourd'hui, devant ma paroisse réunie. Elle a été heureuse, j'en suis sûr, d'entendre l'éloge de son curé sortir de la bouche d'un prêtre de votre mérite et de votre valeur.

» *Ad multos annos*, Messieurs ! J'accepte vos vœux de longue vie. En vérité, il fait bon vivre, il fait bon vieillir avec de tels paroissiens, avec de tels confrères et avec de tels amis. Volontiers, je dirai au sein des joies et des splendeurs de cette journée ce vers si connu d'un de nos poètes :

« Je ne veux pas mourir encore ! »

Nous détachons de la *Revue catholique* de Bordeaux du 15 décembre 1881 cette intéressante description du calice jubilaire :

« Les paroissiens de Saint-Seurin ont eu la touchante pensée d'offrir à leur vénéré pasteur un souvenir de ses noces d'argent et de leur affectueuse reconnaissance.

» C'est un superbe calice dont le symbolisme présente un caractère artistique et personnel qui le rend digne à tous égards du destinataire et des donateurs, et dont l'orfèvrerie et les émaux ont été exécutés, sous la direction de M. Lambinet, de Bordeaux, dans les ateliers de M. Poussielgue-Rusand, à Paris.

» L'idée générale est celle-ci : la croix, signe et instrument du salut, porte la coupe précieuse où se renouvelle, sous les voiles eucharistiques, le sacrifice de l'Amour Infini. Une splendide végétation de filigranes, reliant quatre médaillons émaillés, décore cette coupe avec une richesse que n'ont peut-être pas surpassée les œuvres des vieux âges de la foi ; les lignes sont parfaitement pures, et la forme quadrilobée du pied complète l'harmonieux agencement de l'ensemble. Mais entrons dans le détail.

» Ces nombreux émaux ont pour mission de redire et de célébrer, par l'iconographie chrétienne, aussi bien les antiques fastes et les pieuses magnificences de la Basilique de Saint-Seurin que la naissance, la vie et les œuvres de l'éminent archiprêtre. Entre l'orfèvre et le graveur, il y a eu rivalité de talent ou plutôt émulation féconde, et le travail est si parfait qu'il rend la préférence impossible.

» On a souvent critiqué les imitations serviles du moyen âge et la rudesse affectée de certaines compositions archéologiques. Ici, rien de cet archaïsme superstitieux. Dans cette série de médaillons, aussi remarquables par la correction du dessin que par la fraîcheur du coloris, l'art gothique nous apparaît toujours naïf d'expression, mais plus correct de formes et plus sympathique d'aspect.

» Le médaillon de la coupe qui orne la face antérieure du calice, celle où le prêtre applique ses lèvres pour boire le Précieux Sang, nous montre le célèbre Calvaire de Verdelais avec cette inscription : « *Stillabunt montes dulcedinem* ». A droite, la statue miraculeuse de Notre-Dame de Verdelais avec ces mots : « *Jucundabitur in filiis* », délicate allusion *aux fils dont se réjouit* la Sainte Vierge, et dont les noms se présentent d'eux-mêmes sur toutes les lèvres quand on parle de Verdelais à Bordeaux. Consacré à la bonne Mère dès le berceau, M. Gaussens a retrouvé dans sa Basilique, toute pleine de vieux souvenirs historiques, une illustre madone, Notre-Dame de la Rose, dont il se plaît à orner le sanctuaire : « *Quasi flos rosarum* ». Quel sujet pouvait mieux convenir, comme pendant à l'image de Verdelais? Après Notre-Dame de la Rose, il est naturel de saluer la sainte dont les reliques constituent une de nos plus précieuses richesses et qui sut attacher son nom au récit de la Passion; aussi, Sainte Véronique est-elle figurée sur notre calice auprès de Jésus, Victime et Hostie, avec cette légende : « *Faciem tuam requiram* »; c'est le quatrième sujet de la coupe.

» Déjà nous sommes en pleine Basilique, avec Sainte Véronique et Notre-Dame de la Rose ; restons-y avec Saint Étienne, Saint Martial, Saint Amand, Saint Seurin et Saint Fort, patrons bien-aimés de la paroisse. Mais avant d'examiner les délicieux émaux du pied du calice où sont réunis nos saints protecteurs, constatons que les quatre côtés du nœud portent les armoiries du Souverain Pontife régnant, Léon XIII, de S. É. le Cardinal Donnet, de l'insigne Basilique de Saint-Seurin et de la ville de Bordeaux : avec la double indication du temps et du lieu, les noces d'argent de notre cher curé ont ainsi de nobles témoins et, si je l'osais dire, d'illustres signatures.

» Au-dessous du Calvaire et des armoiries du Pape, Saint Martial bénit l'église : « *Altitudo templi ab ipso fundata est* ». En effet, la bénédiction de l'Apôtre de l'Aquitaine a porté ses fruits, et c'est grâce à elle que ce temple, modeste dans le principe, est devenu ce que nous le voyons aujourd'hui, grand et magnifique. L'artiste n'a pas oublié que le bâton pastoral de Saint Martial se termine au sommet par une main bénissante, — vivant symbole de la charité de notre pasteur, dont la main est toujours ouverte pour donner et pour bénir.

» Parmi les sanctuaires érigés dans nos temples au Sacré-Cœur de Jésus, il en est peu qui se puissent comparer à notre chapelle votive, vrai bijou d'architecture enchâssé très habilement au flanc de l'antique édifice. Rappeler cette œuvre de M. Gaussens n'était que justice : un médaillon de forme elliptique remplit cette intention en reliant les émaux du pied à ceux du nœud et de la coupe par un point de la tige; l'emblème est le Sacré-Cœur rayonnant sur un nimbe crucifère. A la partie postérieure, l'*Agneau* prophétisé et salué par Saint Jean-Baptiste rappelle ce grand Saint, titulaire de l'un des sept autels de la Basilique. Le titre Basilical lui-même est signalé par le parasol liturgique. Le livre des Évangiles, chargé d'une plume en sautoir, contient une transparente allusion aux homélies et autres discours de l'éloquent orateur.

» Après la fondation de l'Église par Saint Martial, un des faits les plus intéressants de notre histoire paroissiale est la rencontre de Saint Amand et de Saint Seurin. Ce touchant épisode est très bien rendu par le graveur, avec ce texte pour commentaire : « *Misericordia et veritas obviaverunt sibi* ». En relevant le regard sans changer de ligne, on trouve le médaillon de Sainte Véronique, ainsi que les armoiries de notre éminent Cardinal, dont la devise concorde avec les autres textes si parfaitement qu'elle paraît en être tout à la fois le résumé et le trait d'union.

» Le pèlerinage populaire de Saint Fort ne pouvait être oublié. Ce tombeau devant lequel tant de générations de mères se sont agenouillées et ont demandé au Saint, pour leurs enfants, force et douceur, est figuré dans un médaillon portant cette légende : « *De forti egressa est dulcedo* ».

» En même temps que la Vierge de Verdelais, berceau de M. Gaussens, et que les armes de Bordeaux, témoin depuis un quart de siècle de son ministère pastoral, se présente le quatrième médaillon, encore spécial au héros de la fête : Saint Étienne, son patron de baptême. Saint Étienne, dont il releva l'autel dans son église de Saint-Seurin, apparaît, renversé sous les coups des bourreaux, le front radieux, la prière sur les lèvres et le regard au ciel : « *Stephanus caritatem pro armis habebat* ».

» Enfin, la patène nous réserve une dernière surprise, c'est le célèbre siège épiscopal de Saint-Seurin, devenu le trône du Tout-Puissant : — hardiesse bien permise, puisqu'elle rappelle une promesse de Notre-Seigneur et traduit nos souhaits unanimes. L'exergue porte ces mots : « † *Qui vicerit, dabo ei sedere mecum in throno meo* ».

» Une dédicace en beau style lapidaire est gravée autour du pied; elle rappellera l'origine et la destination de ce calice : « *R. D. Stephano Gaussens, archipresbytero Basilicae S. Seve-*

rini Burdigalensis, XXV annorum pastoralis sol-licitudinis memores parochiani XIV Kal. Sept. MDCCCLXXXI ».

» L'épigraphiste, on le voit, s'est maintenu, sans broncher, à la hauteur d'un symbolisme admirablement inspiré. On ne sait qu'admirer le plus, ou de l'artistique et savante imagination qui s'est complue à grouper dans les émaux du calice, comme dans un poème illustré, toutes les gloires d'une sainte vie et toutes les splendeurs d'une illustre Basilique, ou de la science biblique et de l'exquise délicatesse qui se révèlent dans le choix des légendes, donnant leur vrai sens aux divers sujets de la décoration.

» Fasse le Ciel que ce calice des noces d'argent serve aux noces d'or de M. l'Archiprêtre ! »

BASILIQUE ✶✶✶ St SEURIN
AMICUS DIVINITATIS ET AMATOR CIVITATIS

NOCES D'OR

DE

M. L'ABBÉ GAUSSENS

ARCHIPRÊTRE DE SAINT-SEURIN

(30 Décembre 1888)

Sept ans se sont écoulés depuis le jour où
Saint-Seurin célébrait, avec une pompe que
l'on n'a pas oubliée, les noces d'argent de
M. Gaussens, vingt-cinq années d'union sans
nuage entre le fidèle curé et la belle paroisse.
La fête du 13 novembre 1881 vient d'être
égalée, et même dépassée, le 30 décembre
1888, par la splendeur des noces d'or, qui
marquent les cinquante années de sacerdoce
du vénéré prêtre, un demi-siècle d'alliance

indissoluble non plus avec une paroisse, mais avec l'Église du Christ.

Si l'élan de tendresse, la manifestation de filiale sympathie, le concours empressé de tous sont demeurés les mêmes, la générosité est allée plus loin. La royale magnificence des offrandes par lesquelles elle s'est traduite permet de dire qu'elle a été sans bornes.

La famille paroissiale tout entière a voulu montrer, d'une façon éclatante, quels liens d'affection et de reconnaissance unissent le troupeau et le pasteur. Selon l'heureuse expression de M. Rabion, le Clergé et la Fabrique avaient reçu mandat impératif de ne rien négliger pour donner à cette seconde fête un caractère qui fût, selon les traditions de la paroisse, digne à la fois de celui à qui elle était offerte et de ceux même qui l'offraient. Cette volonté a été pleinement satisfaite. La célébration des noces d'or est devenue l'occasion d'une solennité aussi belle que touchante. Saint-Seurin s'est affirmé une fois de plus comme la paroisse modèle, le *Saint-Sulpice* de Bordeaux.

Il est vrai qu'il ne s'agissait pas seulement d'honorer un prêtre, mais bien réellement un *Archiprêtre,* dans toute l'étendue qu'on peut donner à ce mot, en le prenant comme symbole expressif des vertus sacerdotales portées à leur plus haut degré et rehaussées par l'attrait de la modestie. Au reste, que pourrions-nous dire qui n'ait été déjà dit, tour à tour ou simultanément, avec éloquence, avec esprit, avec effusion de cœur, par les divers orateurs dont on lira plus loin, avec un plaisir renouvelé, les discours écoutés avec tant de charme? Notre humble suffrage n'y saurait rien ajouter. Venant le dernier, l'annaliste se propose simplement de lier d'un fil la gerbe précieuse, afin de multiplier l'auditoire et de conserver plus sûrement le souvenir de ce triomphant jubilé du 30 décembre, dont nous allons tracer le fidèle récit.

Depuis la veille, l'église a revêtu sa parure des grands jours, accrue encore, et comme adoucie, pour cette fête de famille, par une grâce plus intime. Ce n'est pas trahir un secret de dire que l'ornementation, où se

déploie autant de richesse que d'élégante simplicité, a été réglée par M. l'abbé Martron.
Le goût parfait qui s'y révèle désigne assez
clairement le nom de l'auteur responsable.
Qui ne sait, d'ailleurs, que M. le premier
Vicaire, principal promoteur, en 1881, des
noces d'argent, est aussi l'organisateur intelligent et dévoué de ces nouvelles et plus
brillantes cérémonies; que, pour former la
corbeille de noces, il est allé à Paris choisir
sur place, dans les meilleurs ateliers, les
plus artistiques modèles d'orfévrerie religieuse? Comme son heureuse et infatigable
direction n'a pas peu contribué à assurer le
succès, il n'est que juste de lui payer ici,
au nom de la Fabrique et de la paroisse,
le légitime tribut d'éloges et de reconnaissance auquel il a tous les droits.

Dès le seuil, la vieille Basilique apparaît
rajeunie et souriante. Le portail de l'entrée
par la place du Prado est orné de vertes
guirlandes et d'une couronne de feuillage
suspendue sous le cintre. Sur le frontispice,
décoré d'un grand cartouche peint en gri-

saille, se lit, écrite en style lapidaire, l'inscription suivante :

REVERENDO : ADMODVM
D : STEPHANO : GAVSSENS
ECCLESIAE : BVRDIGALENSIS : CANONICO
INSIGNIS : HVIVS : BASILICAE : ARCHIPRESBYTERO
PIISSIMO : PATRI : PASTORI : INDEFESSO
PIETATE : ZELO : DOCTRINA : VERBIS : SCRIPTIS
OPERIBVS : PRAESTANTISSIMO
L : ANNOS : FECVNDISSIMI : SACERDOTII
CLERVS : POPVLVSQVE
GRATVLANTVR :

Le portique franchi, l'œil est charmé par l'aspect somptueux de la vaste nef. De légères oriflammes aux tons clairs et gais laissent flotter sous les voûtes leurs banderolles multicolores. Des draperies de pourpre frangées d'or revêtent les lourds piliers, que relient entre eux de longues guirlandes de feuillage. Au centre de chaque arceau est suspendu un lustre de bronze doré ou de cristal. Sur les marches du sanctuaire se dressent, à droite et à gauche, deux hauts lampadaires

chargés de bougies, deux autres de même
taille s'élèvent auprès de l'autel. Ce riche matériel a été en grande partie fourni et installé
par un paroissien, très habile décorateur,
M. Sépé. Trois autres lustres planent, comme
des astres étincelants, à une grande hauteur
au-dessus du chœur, et forment, avec les
deux couronnes du sanctuaire, une sorte
de constellation resplendissante. Le marbre
blanc du maître-autel est tout brillant de l'or
des girandoles, des flambeaux et des candélabres. Attachées aux murailles du temple,
cinquante couronnes de verdure, tressées par
les jeunes filles des pensionnats et des écoles,
symbolisent les cinquante années de sacerdoce. Sept écussons, en forme de croix étoilée,
appendus à chaque pilier, portent chacun une
inscription latine, rédigée par le savant épigraphiste M. l'abbé Seignac-Beck, qui avait
déjà fait ses preuves lors des noces d'argent.
L'ex-professeur de rhétorique au Petit-Séminaire est devenu l'un des paroissiens fidèles
de Saint-Seurin, assistant à tous les exercices
de la Basilique, comme autrefois au Chapitre

de la Collégiale ces chanoines de l'ancien régime, dont il fait revivre la distinction d'esprit et de manières. Voici le texte des sept épigraphes dues à sa plume bénédictine :

⁜

V : IVNII
MDCCCXIII
⁜
MVNDANS : LAVACRO
AQVAE

EPHE. V, 26.

⁜

VII : MAII
MDCCCXXVI
⁜
PANEM : ANGELORVM
MANDVCAVIT

PSALM. LXXXII, 5.

⁜

XXII : DEC
MDCCCXXXVIII
⁜
ACCEDE : AD : ALTARE
ET : IMMOLA

LEVIT. IX, 7.

✠

XIII : SEPT

MDCCCLVI

✠

TV : PASCES : POPVLVM

MEVM.

II REG. V, 2.

✠

XXVI : IVN

MDCCCLXXIII

✠

GLORIFICABIMVS

TEMPLVM : GLORIA

MAGNA

I MACH. XV, 9.

✠

XIII : NOV

MDCCCLXXXI

✠

XXV : ANNIS

REGNAVIT : IN

IERVSALEM

III REG. XXII, 42.

⌖

XXX : DEC

MDCCCLXXXVIII

⌖

SANCTIFICABIS

ANNVM

QVINQVAGESIMVM

LEVIT. XXV, 10.

Chaque inscription rappelle, comme on le
voit, en termes heureux, une des étapes de
la vie du chrétien et du prêtre : baptême,
première communion, ordination, instal-
lation, érection de la Basilique, noces
d'argent, noces d'or. Les artistes de foi
et de mérite, dont l'un habite la paroisse,
MM. Bonnet frères, à qui la peinture des
écussons a été confiée, ont su donner à ces
médaillons un aspect fort décoratif. Ils ne se
sont pas moins bien acquittés de l'exécution
d'une immense couronne d'immortelles sur
fond rouge, traversée de deux palmes, et
peinte sur un vaste panneau demi-circulaire

qui garnit, au-dessus des vitraux du chœur, la muraille de l'église, où il produit le meilleur effet.

Dans l'après-midi de la journée du 29 décembre, la Basilique est déjà visitée par un grand nombre de personnes, notamment par les membres des diverses Associations charitables ou pieuses Congrégations de la paroisse, qui s'y donnent rendez-vous pour se rendre de là au presbytère. Nous citerons entre autres les Dames de Charité présidées par Mme Lespinasse; la Société de Sainte-Anne avec sa présidente, Mme Pillod; les Demoiselles du Catéchisme de Persévérance, sous la présidence de Mlle Laure Lynch. Toutes sont venues exprimer à M. le Curé leurs vœux, leurs félicitations, leur reconnaissance pour tant de services rendus, tant de bienfaits prodigués. Toutes aussi offrent, avec leurs compliments et leurs hommages, des bouquets de fleurs naturelles qui semblent un sourire du printemps au milieu de l'hiver, ou des bouquets artificiels, presque aussi beaux et plus durables, en

fleurs de soie ou de porcelaine peinte. Entre
temps sont reçues aussi de nombreuses
visites d'amis, de particuliers et de familles,
sans compter les cartes, lettres, souvenirs
de toute sorte, par lesquels se manifeste
l'universelle sympathie.

On sait qu'une pensée généreuse a voulu
qu'il n'y eût rien qui ne fût neuf parmi
tous les objets que doit toucher ou revêtir
M. Gaussens dans la journée de ses noces
d'or. Répondant à ce vœu, l'abondance des
souscriptions spontanées a permis d'acquérir
une chapelle complète, dans des conditions
exceptionnelles d'élégance et de richesse. Au
soir du samedi, sur un quasi-autel improvisé
dans le salon de la cure, tous les objets
composant la chapelle apparaissent aux yeux
du donataire, fort touché de ces présents
magnifiques. Il achève la soirée entouré des
divers membres de sa famille, dans l'intimité d'une douce conversation. Ses neveux,
nièces et cousins sont en effet récemment
arrivés à Bordeaux, pour s'associer à sa joie
et assister à la grande cérémonie du lende-

main, où leur place est tout naturellement
marquée aux premiers rangs.

Enfin, la journée du dimanche s'est levée.
Dès le matin, à l'aube, la voix solennelle et
joyeuse des cloches s'éveille dans le campa-
nile de Saint-Seurin. Le chœur aérien, où
se détache la note éclatante de *Véronique,*
porte à toute la paroisse l'annonce de la
fête qui commence. A neuf heures et demie,
MM. les Fabriciens, réunis au presbytère.
présentent à M. le Curé leurs hommages
et leurs souhaits. Puis ils lui font escorte
jusqu'à l'église, où ils ne pénètrent pas
sans peine, car elle est déjà envahie, et ils
l'accompagnent à la nouvelle chapelle dédiée
à Saint Michel.

Rappelons en passant que cette chapelle
vient d'être construite, grâce à la générosité
d'une paroissienne dont la main charitable
et discrète sait faire du bien partout sans
faire de bruit, mais dont nous devons taire
le nom, puisqu'elle a désiré garder l'anonyme.

Là, M. Gaussens se revêt des superbes

ornements que le bon goût et le bon cœur
de ses paroissiens ont voulu lui laisser comme
souvenir. Il passe quelques instants dans le
recueillement et la prière, et, lorsque dix
heures sonnent, il est prêt à suivre le cortège d'honneur qui vient le prendre pour
son entrée triomphale dans la Basilique.

Par la route que trace au milieu de la nef la
jonchée de feuilles de laurier, entre les rangs
pressés d'une foule compacte, aux sons reten-
tissants du grand orgue, le solennel cortège se
met en marche, et entonne le chant du *Veni
Creator,* comme à une première messe. Auprès
du jubilaire, nous remarquons M. Buche,
Vicaire Général, Archidiacre de Bordeaux,
le plus intime de ses collègues dans le professorat; puis M. Gervais, le plus distingué
de ses élèves. M. Gaussens, M. Gervais, deux
vrais élus du Seigneur, deux prêtres qu'on
s'étonnerait de ne pas voir évêques, si l'on
ne savait que, loin de rechercher ces honneurs épiscopaux dont ils sont si dignes, le
premier les a toujours redoutés, et le second
les a formellement refusés. L'imposante pro-

cession se complète par MM. les Supérieurs
du Grand et du Petit-Séminaire; MM. les
Chanoines en grand nombre; MM. les Curés
des paroisses de Bordeaux qui ont tenu à
donner à leur confrère un public témoignage
d'estime et de sympathie; plusieurs anciens
vicaires de Saint-Seurin, amis toujours fidèles; quelques Religieux, fils de Saint Domi-
nique ou de Saint Ignace, enfants du Carmel,
— ces derniers en costume de chœur —
rendant hommage au curé qui, en des jours
douloureux, ouvrit à deux battants les portes
de son église aux expulsés; enfin, MM. les
Membres du Conseil de Fabrique.

Pendant que le long cortège se déploie
lentement, donnons un nouveau coup d'œil
d'ensemble à la Basilique, dont l'aspect est
vraiment grandiose. Le peuple des fidèles,
remplissant la nef et les bas côtés, déborde
dans les chapelles latérales. Le temple res-
plendit partout de lumière. Sous les mille feux
des bougies, sous les rayons des appliques
de gaz, nous voyons l'étincellement des
lustres, l'or des torsades et des ornements,

l'éclat des cierges, s'allier harmonieusement aux teintes graves des tentures et aux festons de verdure sombre qui tapissent les colonnes. Tous les regards convergent vers le sanctuaire, éblouissant de clartés, où viennent prendre place les diverses personnes qui ont fait partie du cortège.

M. le Curé monte à l'autel : il est assisté de deux de ses anciens vicaires, MM. les abbés Lacoste et Gizard, remplissant les fonctions de diacre et de sous-diacre. En outre, il a auprès de lui son frère, M. le chanoine Gaussens, en qualité d'archidiacre, souvenir touchant du cérémonial qui donne pour assistant à un jeune prêtre, lors de sa première messe, par dignité et par prudence, les supérieurs ou directeurs de Séminaire. Les grandes orgues, sous les mains habiles et exercées de M. Doney, ancien organiste de l'Abbaye de Solesmes, mêlent leurs flots d'harmonie à ceux de l'orchestre et de la maîtrise pour interpréter la messe pastorale que M. Limonot, maître de chapelle, a écrite avec talent sur des motifs de plain-chant et de noë!s, et qu'il a dédiée à M. Gaussens. On remarque surtout le *Credo* de la messe royale de Dumont, haussé d'un ton et demi et contre-pointé, fort bien chanté par M. Drouilh et les chœurs avec accompagnement d'orchestre. L'admirable voix de M. l'abbé Sursol se détache entre toutes, et fait pénétrer dans les âmes, avec sa suave mélodie, les paroles de vie qu'elle exprime. C'est avec un art et un sentiment exquis que cet artiste hors ligne interprète, au moment de l'Élévation, un *Benedictus* d'une très religieuse inspiration, en duo avec l'excellent violon qui chante sous l'archet magistral de M. Olivier. Il serait injuste d'oublier les louanges dues à M. Lamouche et à un enfant de la maîtrise, le jeune Bissière. M. le Curé lui-même marque sa place dans ce remarquable concert : c'est d'une voix nette et fortement timbrée, qui ne se ressent nullement des atteintes de l'âge, la voix d'or de ses jeunes années, que nous l'entendons chanter la Préface.

Sur la gracieuse intervention de M. le Vicaire Général Petit, paroissien de Saint-

Seurin aussi aimable que dévoué, sur qui l'on peut compter en toute occasion, Notre Saint-Père Léon XIII, par un Indult spécial, a bien voulu accorder à M. l'Archiprêtre la faveur insigne de donner, à l'occasion de ses noces d'or, la bénédiction papale accompagnée de l'indulgence plénière. A l'issue de la grand'messe, après un *Confiteor* récité à haute voix par les assistants pour s'exciter à la contrition, M. Gaussens a donné cette bénédiction au milieu du religieux silence de l'assemblée prosternée sous sa main.

La cérémonie s'est terminée par le chant du *Te Deum* : l'hymne sublime de Saint Augustin et de Saint Ambroise pouvait seul traduire dignement les sentiments de pieuse émotion dont tous les cœurs étaient remplis.

Dans l'intervalle qui s'écoule entre la messe et les vêpres, réception au presbytère de la Conférence de Saint-Vincent de Paul, présentée par M. Perrau, Trésorier, en l'absence de son Président, M. Fabre de La Bénodière, momentanément éloigné de Bordeaux par la

maladie. Réception aussi des membres du
Cercle Catholique, ayant à leur tête M. l'abbé
Orry, leur aumônier dévoué. Nous renonçons
à énumérer les nombreuses visites particulières qui se succèdent alors dans les salons
de la cure, hospitalièrement ouverts à tous,
et où tous se sont empressés de venir apporter
leurs félicitations.

Durant ce temps, l'église n'a pas désempli :
la foule s'est tassée de plus en plus, et la
vaste enceinte est absolument comble jusque
dans les moindres recoins, y compris les
portiques et les chapelles détachées, lorsque
commencent les vêpres. Le cortège du matin,
qui se déploie de nouveau dans le sanctuaire,
s'est lui-même grossi de quelques recrues :
plusieurs anciens vicaires ont pu se faire
remplacer pour l'après-midi et ont eu hâte
de se joindre à la couronne d'honneur entourant le vénérable Archiprêtre. D'une voix
fraîche et sonore, celui-ci entonne le *Deus
in adjutorium.* Le chant des Psaumes, alterné
entre la Psallette et l'innombrable assistance,
produit un effet saisissant. On admire ensuite

un hymne *Jesus Redemptor* plein de poésie, et un *Magnificat* chanté tout d'un trait, en forme de motet, et coupé seulement par un duo de ténor et de baryton d'une harmonie bien pénétrante.

Cependant la musique doit se taire pour laisser parler l'éloquence : M. le chanoine Laprie paraît dans la chaire. Le puissant orateur relève à peine d'une grave maladie, et l'on a craint pendant plusieurs jours d'être privé de sa présence si désirée. Mais une profonde affection est le plus sûr des remèdes. L'ardente volonté de rendre hommage publiquement, en ce beau jour, à celui dont il a été l'élève, l'ami, le commensal durant dix années, a rendu la santé à M. Laprie. L'âme a triomphé du corps, et le voici dans toute la plénitude de ses forces, dans toute la plénitude aussi de son talent, ce maître saluant son maître :

Fac conclusionem. — Termine et conclus.
(Ézéch., VII, 23.)

« Monsieur le Curé,
» Messieurs,
» Mes très chers Frères,

» Oui, elle a été bien belle, bien touchante, bien triomphale, la fête jubilaire dont cette antique Collégiale est aujourd'hui l'heureux théâtre. Rien n'y aura manqué. Richesse et pompe de la décoration du temple,

« Orné partout de festons magnifiques »,

gracieuse connivence de Notre Très Saint-Père Léon XIII et encourageant sourire du Vatican, sous forme d'Indult de bénédiction papale ; présence du patriciat ecclésiastique et des chefs spirituels de nos tribus paroissiales, concours empressé d'innombrables fidèles, témoignages spontanés de la sympathie publique, élan unanime des cœurs, tout enfin, tout ce qui constitue l'idéal des noces d'or d'un prêtre, la fête de ce jour nous en a donné le spectacle, et nous le donne présentement encore.

» Vive la paroisse de Saint-Seurin! Une première fois déjà, il y a sept ans, pour célébrer le vingt-cinquième cycle pastoral de son vénérable Archiprêtre, elle avait déployé un zèle, une générosité et des splendeurs qui semblaient avoir atteint les limites du possible. Aujourd'hui, pour célébrer les noces d'or sacerdotales de ce même pasteur, elle a trouvé moyen de se surpasser elle-même. Elle n'avait accompli, il y a sept ans, que des prodiges; cette fois, elle a fait des miracles. Honneur à la paroisse modèle! Elle vient d'ajouter à l'illustration de ses annales, déjà si riches en glorieux souvenirs de tout genre, une gloire de plus.

» Pourquoi faut-il, hélas! que plus elles sont belles, plus les fêtes de la terre passent rapidement! La voici déjà sur son déclin, cette fête si merveilleusement organisée, cette fête si féconde en douces émotions, cette fête qui a répandu, dans l'enceinte où nous sommes réunis, je ne sais quel mystique parfum,

dont les émanations presque célestes ont
envahi et embaumé la paroisse tout entière.
La voici parvenue au terme de ses heures
fortunées, et ses derniers rayons ne tarderont
pas à s'éteindre. *Advesperascit et inclinata est jam
dies.* (Luc, XXIV, 39.)

» Or, avant qu'elle disparaisse sous l'horizon, avant qu'elle se couche dans les limbes
des choses passées, il convient de dégager
d'une telle solennité les conclusions pratiques qui s'y trouvent impliquées.

» Ces conclusions, c'est au prédicateur de
les mettre en lumière, c'est à lui que s'a-
dresse la parole de mon texte initial, la parole
d'Ézéchiel : *Fac conclusionem,* termine la fête
et conclus.

» Puisse-t-il ne pas se montrer trop indigne
de la mission qui lui a été confiée !

» Mais je le devine, ou plutôt je m'en aperçois, très vénéré et très cher Monsieur l'Archiprêtre, cette assemblée qui vous contemple
plus qu'elle ne m'écoute, cette assemblée
s'étonne que le prédicateur n'ait pas encore
songé à vous exprimer ses congratulations.

» Oui, je le sais, toute fête de noces demande un épithalame ; et tout épithalame se compose principalement des louanges du héros de la fête. Ah ! certes, les louanges du héros des noces de ce jour, mon âme les chante au dedans d'elle-même, mais elle les chante avec un si vif sentiment d'affectueuse admiration pour celui qui en est l'objet, qu'à raison de cela même, je redoute de laisser monter jusqu'à mes lèvres cette mélopée intérieure.

» Tous les prêtres qui sont ici le savent, cher Monsieur le Curé ; je me glorifie d'avoir jadis été votre élève, et je suis resté toujours votre disciple. Depuis plus de quarante ans, je fais profession de vous donner le titre de *Maître,* et il n'y a pas de nom personnel ici-bas qui soit placé plus haut que le vôtre dans ma vénération, dans ma pieuse tendresse. J'en demande même pardon à quelqu'un qui est assis non loin de vous, et qui jouit plus que vous-même de votre triomphe d'aujourd'hui ; j'en demande pardon au charitable bienfaiteur de l'enfance sourde-muette et de l'enfance aveugle, à cet autre vous-même dont les œuvres si admirables sont moins admirables pourtant que l'abnégation et l'humilité de leur auteur; j'en demande pardon à votre propre frère, mais je prétends vous aimer autant que qui que ce soit au monde, et mes prétentions sur ce point ne s'inclinent qu'avec peine devant les droits du sang.

» Comment donc, avec de tels sentiments, comment me serait-il possible de vous complimenter, cher maître, dans la mesure de leurs exigences, sans m'exposer du même coup au malheur de blesser une modestie universellement connue?

» Si un autre parlait ici à ma place, il vous dirait que vos noces d'or sont une fête pour tout le clergé du diocèse, parce que vous en êtes tout à la fois l'ami, le modèle et la gloire. Il vous dirait que les anciens du sanctuaire s'inclinent unanimement devant l'autorité de vos mérites, lesquels ne sont ignorés que de vous, tandis que nos prêtres moins avancés en âge s'accordent à vous vénérer, à peu près comme jadis Népotien pouvait vénérer Jérôme, son guide et son père dans la foi. Il vous dirait qu'en dehors du clergé, tous ceux qui vous connaissent professent, à votre égard, des sentiments analogues. Il vous dirait vingt autres choses aussi flatteuses, mais tout ce qu'il vous dirait n'approcherait pas de ce que je voudrais et n'ose vous dire, comme expression du culte que mon cœur vous a voué depuis si longtemps et pour jamais. *Vivit Dominus et vivit anima tua, quia non derelinquam te.* Je le jure par le Seigneur et sur votre propre tête, disait jadis Élisée à Élie, jamais ma fidélité ne vous fera défaut. (IV, Reg., II, 2.)

» Donc, c'en est fait ; je renonce à complimenter le héros de la fête, pour revenir à la fête elle-même, et aux conclusions pratiques que doivent en rapporter tous ceux qui ont eu la fortune d'en être les témoins.

» Ces conclusions, quelles sont-elles ? J'en discerne deux principales que je signalerai l'une après l'autre.

» Commençons par invoquer la protection de la Vierge Marie, la protection de Notre-Dame de Verdelais. *Ave Maria.*

I

» Voici la première conclusion pratique qui se dégage de la fête d'aujourd'hui. Elle se rapporte au Souverain Maître de nos destinées, à Celui qui, ayant seul la puissance de créer des prêtres, daigne en adopter quelques-uns pour les traiter avec d'insignes prédilections ; et c'est une conclusion de reconnaissance envers Dieu, d'hymnes d'actions de grâces à la gloire de son nom trois fois saint.

» Expliquons-nous.

» Oui, c'est Dieu, Dieu seul qui fait les prêtres.

» C'est Lui d'abord qui les choisit et les prédestine, dans le secret de ses éternels conseils. Remontez à l'époque où les siècles n'avaient pas encore commencé, à l'heure où les heures n'existaient pas ; déjà le Créateur du futur univers se disait à Lui-même les noms de tous les prêtres qu'Il avait élus pour lui offrir un jour en sacrifice le Corps et le Sang de son Verbe Incarné. « *Elegit et prælegit* ».

» Après avoir choisi et prédestiné les prêtres, de toute éternité, c'est Dieu qui les appelle, au moment voulu, tantôt d'une manière, tantôt d'une autre ; le plus souvent en les touchant au cœur, dès leurs tendres années, par cette sorte d'attrait mystérieux qui captive un enfant presque sans qu'il s'en doute, et le fait graviter tout doucement autour des saints autels dont il devra plus tard être le ministre, autour des saints mystères dont il sera le dispensateur.

» De même que c'est Dieu qui prédestine et appelle les prêtres, c'est Lui également qui les consacre, par un sacrement dont l'efficacité les marque d'un caractère absolument indélébile, en leur conférant une dignité surnaturelle et des pouvoirs capables d'exciter la jalousie des séraphins eux-mêmes. *Homo imponit manus, Deus largitur gratiam,* dit saint Ambroise.

» Répétons-le ; c'est Dieu, Dieu seul qui peut créer cet étonnant mélange d'argile humaine et de prérogatives plus qu'angéliques que notre langue désigne sous le nom de prêtre.

» Tout prêtre, quel qu'il soit, est donc, en cette qualité, un ouvrage essentiellement divin; mais j'ajoute que parmi les prêtres, il s'en trouve quelques-uns que Dieu s'applique à traiter avec d'insignes prédilections. Il semble que, ceux-là, Il s'est proposé d'en faire non plus seulement les ministres de ses autels, mais l'ornement et l'honneur de son sanctuaire; et l'on pourrait dire qu'ils représentent, dans les annales du sacerdoce, la lignée de Jean, le disciple préféré du Sauveur, *discipulus quem diligebat Jesus.*

» Vous plaît-il de constater les prédilections dont la Providence les honore d'ordinaire, ces heureux privilégiés, à partir de leur première enfance, jusqu'au soir de leur vie? En voici un aperçu rapide et sommaire.

» Elles se manifestent d'abord, ces prédilections, par les dispositions exceptionnelles qu'ils apportent en naissant.

» Il y a trois signes qui peuvent faire pré-

sumer chez un enfant la vocation sacerdotale : l'inclination à la piété, un bon naturel,
un commencement d'aptitude à l'étude des
belles-lettres. Or, de bonne heure, chez
l'enfant que Dieu a marqué pour être entre
tous un prêtre d'élite, ces trois signes se révèlent avec un cachet d'excellence et de
supériorité qui annonce déjà un favori d'en
haut.

» On le voit se distinguer, ce petit Samuel,
entre ceux de son âge, par un goût instinctif
pour les choses de Dieu et de l'Église. Soyez
sûrs, d'ailleurs, que pour seconder chez lui
cet heureux penchant, Dieu n'a pas manqué
de le gratifier d'une sainte mère, d'une mère
qui, riche ou pauvre, mais plus fréquemment
pauvre, comme jadis celle de Jésus à Naza-
reth, se plaît à vivre d'humilité, de prière
et de foi.

» Peut-être même sa Providence aura-t-elle
pris soin, dans le même but, de placer le
berceau de cet enfant en quelque lieu particulièrement chéri du Ciel, dans le voisinage
et sous la protection de quelqu'un de ces

antiques et miraculeux sanctuaires, autour desquels on respire un air plus pur, un air chargé de pieuses pensées, un air dont nos pères du moyen âge auraient dit que la Mère de Dieu y a laissé tomber quelque goutte de son lait virginal (1).

» Jadis, le fils et successeur de David se félicitait d'avoir reçu en partage un bon naturel, une bonne âme, *Sortitus sum animam bonam.* (Sap. VIII, 19.) L'enfant dont il s'agit pourrait se féliciter d'un avantage tout semblable. L'aménité native d'une âme accommodante et de facile commerce transpire à travers l'ingénue sérénité de sa physionomie et la charmante timidité de ses manières. Il suffit de le voir pour se sentir touché de bienveillance à son endroit.

» Déjà, sous un autre rapport, on peut prédire les triomphes qui attendent son adolescence sur les bancs des études classiques. Là, ses émules seront peut-être nombreux et

---

(1) M. Gaussens est né tout près du célèbre sanctuaire de Notre-Dame de Verdelais.

redoutables; le prix du combat pourra lui être vaillamment disputé; n'importe; il ne lui sera pas enlevé. Ainsi le veut Celui qui règle souverainement le sort des batailles, de quelque genre qu'elles soient.

» Et maintenant, laissez sortir de l'adolescence ce vainqueur habituel des tournois scolaires qui ont, à la fin de chaque année, leur dénouement et leur sanction, *antè ora parentum* (Æneid., c. VI), sous les yeux d'une parenté diversement émue.

» Laissez-le monter, à travers les épreuves du noviciat ecclésiastique, jusqu'à l'heure ardente de la vingt-cinquième année, et jusqu'au jour solennel de la première messe; suivez ensuite, dans le champ du Seigneur, le sillon de son ministère, et vous verrez les prédilections divines dont il est l'objet se manifester par le succès qui partout accompagnera ses pas. *Omnia quæcumque faciet prosperabuntur.* (Ps. I, 3.)

» Ah! c'est bien de ce prêtre qu'on peut dire : *Viæ ejus pulchræ et pacificæ* (Prov. III, 17). Toutes ses étapes sont belles et pacifiques.

» Supposez que la première de ces étapes ait à s'accomplir dans l'enseignement des humanités. Supposez qu'au lendemain de son ordination, l'autorité diocésaine ait envoyé ce nouveau-né du royal sacerdoce prendre service parmi les maîtres de la jeunesse lévitique, avec charge, par exemple, d'enseigner les règles de l'art de bien dire, et les secrets de l'éloquence (1). Si c'est par là qu'il débute, ce Quintilien improvisé se trouvera immédiatement à la hauteur, et plus qu'à la hauteur, de ceux qui ont blanchi sous le harnais. Ses leçons feront les délices des recrutements annuels qui viendront tour à tour se grouper au pied de sa chaire. Autant d'élèves, autant d'amis gagnés pour l'avenir. Son passage, disons mieux, son règne comme professeur laissera dans le prytanée clérical où il en exerça les fonctions, un souvenir ineffaçable, un souvenir qui demeurera une

_____

(1) M. Gaussens, au lendemain de son ordination, fut nommé professeur de rhétorique au Petit-Séminaire de Bordeaux.

des principales gloires de ce studieux petit royaume.

» Après la période des années consacrées à l'enseignement de l'art oratoire, quand l'âge mûr approchera, enlevez à sa chaire en deuil ce professeur hors ligne, lauréat peut-être des académies qui, après l'avoir couronné, l'ont appelé à siéger dans leurs doctes cénacles ; transportez-le tout à coup, précipitez-le dans l'humilité d'un presbytère rural ; faites-en un simple curé de campagne, vous ne ferez que changer le théâtre et la nature de ses succès (1). Pour bénir son nom, ses ouailles n'auront qu'un cœur et qu'une voix : *Benedictus in agro.* (Deut., XXVIII, 2.)

» Justement jalouse du village qui possède un desservant tellement supérieur à son poste, la grande ville s'empressera probablement de le lui disputer. Elle le réclamera comme un trésor, envoyé, par distraction,

(1) Après dix-sept ans de professorat, M. Gaussens, déjà chanoine honoraire et membre de l'Académie de Bordeaux, fut nommé desservant de Queyrac.

à une adresse erronée, mais qui lui revient de droit. Et si elle parvient à l'obtenir, si elle le place à la tête d'une de ses paroisses les plus enviées, qu'adviendra-t-il alors? Il adviendra que, sous la houlette de son nouveau guide dans le Seigneur, la belle paroisse ne tardera pas à voir se lever une ère nouvelle, dont l'éclat grandira de jour en jour, et les bénédictions que le nom du favori de Dieu avait récoltées chez les patrons des fermes et chez les colons des métairies, il les récoltera, plus abondantes et plus ferventes encore, au sein de la grande cité. *Benedictus in civitate*. (Deut., XXVIII, 2.)

» La grande cité parlera de ce prêtre comme d'un curé de premier ordre; elle en parlera comme d'un prince de la chaire sacrée, peut-être même devra-t-elle en parler comme la sainte Écriture parle d'Esdras, à qui elle donne le double titre de prêtre et d'écrivain, *sacerdos et scriba*. (II, Esdr., VIII, 9.)

» Si le cas se présente, n'en soyez pas surpris; ceci est encore un signe des prédilections divines.

» Entendez, en effet, un remarquable oracle de l'Esprit-Saint au livre de l'Ecclésiastique. La prospérité de l'homme, dit cet oracle, est dans la main de Dieu, et c'est Dieu qui met au front de l'écrivain l'auréole d'honneur qui le distingue. *In manu Dei prosperitas hominis... Super faciem scribæ imponit honorem suum.* (Eccle IX, 5.) Oui, c'est Dieu qui est le dispensateur suprême de la bonne gloire littéraire (je dis bonne, car il y en a une qui ne l'est pas). Or, cette gloire, Dieu se plaît parfois à l'étendre, comme un manteau de luxe, sur le sacerdoce d'un prêtre entre tous cher à son cœur. Il arme sa main d'une plume élégante, harmonieuse, fénélonienne; cette plume d'or léguera à la postérité des pages capables d'honorer la littérature d'un grand pays (1), et l'on voit l'auteur de ces pages porter sur son front la double auréole des vertus du prêtre et des talents de l'écrivain. *Sacerdos doctus atque perfectus.* (Esdr.)

(1) M. Gaussens a publié deux volumes d'Éloges Académiques et un Cours complet d'enseignement pastoral en cinq volumes.

» Et pendant que le favori d'en haut poursuit de la sorte le cours de ses prospérités, pendant que les diocèses étrangers l'envient à son diocèse d'origine, et se font gloire de l'attacher à leur clergé par des titres honorifiques (1), la voix de l'opinion publique, dont il a subjugué les suffrages, sans avoir songé jamais à les briguer, la voix de l'opinion publique se plaît à répéter, sur le compte de son avenir, de joyeux et beaux présages. On prophétise de toutes parts que, pour couronner les mérites d'un prêtre si éminemment distingué, les suprêmes honneurs de la hiérarchie n'attendront pas qu'ils soient couronnés de cheveux blancs.

» Et s'il advient que ces pronostics rencontrent un invincible obstacle dans le malheur d'un temps où, pour être exclu de pareils honneurs, il suffisait de les avoir trop mérités ; s'il advient que la prophétie populaire se trouve ainsi démentie par la réalité des

(1) M. Gaussens est chanoine de Saint-Denis de La Réunion, chanoine d'Agen, vicaire général d'Agen.

faits, plaignez-en la patrie et l'Église, mais gardez-vous d'en plaindre le prêtre dont nous parlons. Il ne vous comprendrait pas; sa modestie lui fit toujours redouter, comme un fardeau trop lourd pour ses épaules, la charge de l'épiscopat; et il estime qu'échapper aux honneurs de la mitre, c'est avant tout échapper à des chaînes qui, pour être dorées, n'en sont pas moins de meurtrissantes chaînes. D'ailleurs, pour exercer une influence vraiment épiscopale, une influence qui s'étend à tout un diocèse, un prêtre n'a pas toujours besoin d'être évêque. L'histoire en a raconté des exemples; il lui en restera d'autres à raconter.

» Disons-le enfin, un dernier signe des prédilections divines à l'égard d'un prêtre entre tous cher à Dieu, c'est quelquefois la longueur des jours que sa Providence lui accorde, pour que ces longs jours lui servent à augmenter d'autant la somme d'éternelle gloire qui sera là-haut sa récompense.

» Ses années se multiplient comme celles du palmier. Il lui est donné de célébrer ses noces d'or ; après ses noces d'or, on le verra célébrer ses noces de diamant, et après ses noces de diamant, la coupe, où sa vieillesse universellement révérée boit la vie, ne sera pas encore épuisée. Souvenez-vous du bienheureux chef de la lignée sacerdotale à laquelle il appartient. L'intime ami de Jésus, le disciple qui reposa, pendant la Cène, sur la poitrine du Maître, l'Évangéliste Saint Jean ne mourut qu'à cent ans passés.

» Vous savez maintenant comment se manifestent les prédilections divines, à l'égard de certains prêtres transcendants. Si, par aventure, en écoutant l'exposé que vous m'aviez demandé d'en faire, si quelqu'un de mes auditeurs avait succombé à la tentation des applications personnelles ; s'il s'était adjugé le droit de mettre un nom propre au bas du profil dont j'ai dessiné l'esquisse, non point à loisir et sur le marbre, mais en courant et sur le sable du chemin ; s'il en va de la sorte, je laisse pour moitié à cet auditeur la responsabilité de ses commentaires ; j'en assumerai, s'il l'exige, l'autre moitié pour mon compte.

» Quoi qu'il en soit, tout nous crie, et je n'ai pas besoin de le prouver, que, lorsque Dieu fait présent à une portion de son peuple d'un prêtre tel que celui dont j'ai ébauché le vague croquis, un pareil présent doit exciter envers le Très-Haut la reconnaissance et les actions de grâces de ceux qui en jouissent.

» Ces dernières paroles, vous l'avez compris, paroissiens de Saint-Seurin, ces dernières paroles vous atteignent directement et en plein cœur. Car, à quoi bon ne l'avoir confessé qu'à demi? Il me faut, enfin, l'avouer tout à fait. En parlant du prêtre spécialement chéri du Ciel, « *Amabilis Domino* » (II, Reg., XV, 25), c'est bien votre Pasteur que j'avais en vue; c'est bien lui dont j'ai voulu, non point, certes, peindre les traits, mais simplement profiler une discrète image.

» Donc, reconnaissance et actions de grâces au Seigneur, telle est pour vous d'abord, fidèles de Saint-Seurin, et pour nous tous ensuite qui, par contre-coup, bénéficions plus ou moins de votre trésor, telle est, disais-je, la première conclusion pratique que nous devons retirer de cette fête jubilaire.

» Oui, *sursum corda ; gratias agamus domino Deo nostro*. Élevons nos cœurs en haut, et rendons grâces à Dieu. Disons-lui tous ensemble : Il est vraiment juste, équitable et salutaire de vous rendre grâces en tout temps et en tous lieux, ô Seigneur, Père tout-puissant et éternel ; mais cela est particulièrement juste dans cette fête des noces d'or d'un de vos ministres ; car c'est vous qui faites les prêtres, et parmi les prêtres vous en choisissez quelques-uns pour les traiter avec des prédilections manifestes. C'est pourquoi nous vous louons, nous vous glorifions par Jésus-Christ Notre-Seigneur, en qui et par qui les Anges louent Votre Majesté, les Dominations l'adorent, les Puissances la craignent et la révèrent, les Cieux et les Vertus des Cieux en célèbrent la grandeur. Souffrez que nos voix s'unissent à leurs voix, pour chanter avec eux la sainteté de votre nom. Hosanna au plus haut des Cieux ; *Hosanna in excelsis*.

II

» J'ai signalé la première conclusion pratique qui se dégage de la solennité d'aujourd'hui, et vous venez de voir que c'est une conclusion de reconnaissance envers Dieu, envers Dieu qui prédestine, appelle et consacre également tous les prêtres, mais qui se plaît à honorer d'insignes préférences un certain nombre d'entre eux.

» Il s'agit maintenant de signaler la seconde. Celle-ci se rapporte, non plus à Celui qui fait les prêtres, mais aux prêtres eux-mêmes, ou, si vous l'aimez mieux, au sacerdoce dont nos prêtres, et plus parfaitement les prêtres de la lignée de Jean le bien-aimé, sont ici-bas la personnification authentique.

» Je la formule en ces termes : résolution, dans le meilleur fond de nos âmes, de témoigner plus que jamais un religieux attachement au sacerdoce catholique, en retour des bienfaits qu'il répand sur le monde, et en compensation des ingratitudes de l'heure présente à son endroit.

» Pour justifier à vos yeux cette seconde conclusion, ma parole, j'ose le présumer, n'aura pas beaucoup d'efforts à faire.

» Je prête l'oreille, chers auditeurs, aux justes louanges que vous prodiguez aujourd'hui, de tous côtés, au bien-aimé et bien vénéré Archiprêtre de Saint-Seurin. Je vous entends exalter le bien qu'il a opéré sous vos yeux pendant un ministère de trente-deux ans.

» Vous me parlez, par exemple, de ce qu'il a fait pour le soulagement des pauvres. Vous me racontez les aumônes considérables qui n'ont cessé de s'épancher de ses mains, les industries que sa charité a inventées pour créer des ressources à ceux qui en sont dépourvus, les associations qu'il a fondées pour leur venir en aide, le dévouement, en un mot, avec lequel il s'est constamment dépensé au service de la classe indigente, en la consolant, en plaidant pour elle, en l'assistant de toutes manières. Je vous écoute

sans déplaisir, et n'ai aucune envie de m'ins-
crire en faux contre ce que vous dites. Mais
notre Jubilaire lui-même, objet de vos éloges,
me charge de vous rappeler (je suis sûr
d'interpréter exactement sa pensée) qu'en se
montrant l'esclave public des pauvres, il n'a
fait que continuer parmi nous la tradition
du sacerdoce catholique.

» Dans notre cité de Bordeaux, re-
marquons-le en passant, cette tradition sera
bientôt dix-huit fois séculaire. Elle remonte
à une époque où la terre avait à peine
achevé de boire le sang de la divine Victime
du Golgotha, à une époque où la terre se
sentait encore tout émue de cette tempête de
prodiges que la Pentecôte avait déchaînée
sur la tête du genre humain.

» C'est, en effet, à une date très rappro-
chée du berceau du christianisme que le sacerdoce de la nouvelle alliance, le sacerdoce
catholique, fit sa première apparition dans
nos parages, et c'est ici même, sur l'empla-
cement de la Basilique qui nous abrite, qu'il
vint planter sa tente. Il y arriva sous les

traits d'un envoyé de Saint Pierre, lequel envoyé de Saint Pierre avait été primitivement, paraît-il, l'enfant des deux poissons et des cinq pains miraculeusement multipliés par le Sauveur, pour nourrir une foule à jeun, captivée, ravie par ses charmes divins. Deux poissons et cinq pains ! Symbole, nous disent les commentateurs mystiques, de nos deux sacrements *des morts* et des cinq sacrements *des vivants*, c'est-à-dire des sept sources de salut et de surnaturelle sève qui fécondent le monde régénéré par Jésus-Christ.

» Depuis lors, depuis les jours de Saint Martial, premier apôtre de notre Aquitaine, le sacerdoce catholique n'a cessé de cultiver dans le Seigneur la terre girondine qui nous porte.

» Or (et ici je reprends le fil de mon discours) interrogez vos annales bordelaises. Ces annales vous diront que, depuis l'origine, le sacerdoce catholique se montra toujours, chez vous, le consolateur des pauvres, l'avocat des pauvres, la providence des pauvres,

Elles témoignent qu'à ce point de vue, le héros de notre fête peut compter, derrière lui, des ancêtres de sa charité, aussi reculés dans la nuit des âges que ceux de son ministère.

» Depuis tantôt dix-huit siècles, que de pauvres parmi vos pères qui seraient demeurés sans ami, au fond de leur indigence abandonnée, si le sacerdoce catholique ne se fût penché vers eux, comme le Samaritain de l'Évangile vers le malheureux blessé gisant sur l'herbe ensanglantée, au bord du grand chemin ! si le sacerdoce, compatissant à leur infortune, ne s'en était approché pour leur dire, non en paroles, mais en actes, *In opere et veritate* : pauvres, mes frères, le monde vous oublie, vous dédaigne, il passe auprès de vous sans s'intéresser à votre sort, sans vous regarder, sans vous voir ; mais moi, j'ai été envoyé pour vous aimer, pour aimer en vous Celui-là même qui m'a envoyé, Celui qui, étant par essence la richesse infinie, daigna, pour honorer votre condition, épouser la pauvreté dont vous êtes les fils, et je vous aime, et je souffre de ce qui vous fait souffrir, et je m'estimerais heureux de pouvoir vous aider à porter votre croix.

» Et s'il y a dix-huit siècles que, dans ce coin de la chrétienté, le sacerdoce catholique se fait un devoir de se montrer le consolateur des pauvres, il y en a tout autant qu'il y plaide leur cause auprès des possesseurs des biens de ce monde, ne cessant de rappeler à ceux-ci, de la part de Dieu même, que les classes supérieures doivent se considérer comme étant faites pour les classes inférieures; que les grands doivent se mettre, par la condescendance et le service, au niveau des petits; que les riches sont tenus de se regarder comme les économes des pauvres, tenus de destiner leur superflu aux pauvres, que leur salut est à ce prix.

» Et, en plaidant de la sorte la cause des pauvres, le sacerdoce catholique enfin, depuis son arrivée parmi nous, n'a cessé de travailler à les secourir par tous les moyens qui étaient en son pouvoir, par toutes les industries de la charité, employant ses deux

mains à procurer du pain à ceux qui ont
faim, des vêtements à ceux qui sont nus,
un abri à ceux qui n'en ont pas ; et, avec
cela, gémissant toujours de ne pouvoir égaler
l'étendue de ses ressources à son désir de
soulager la misère du pauvre peuple.

» Tout cela, je le répète, c'est le témoignage de vos annales bordelaises qui l'atteste.

» Et vous, qui exaltiez tout à l'heure ce
que le héros de ce Cinquantenaire a fait pour
le soulagement des pauvres, je vous entends
exalter aussi ce qu'il a fait pour l'instruction
de son troupeau. Vous me parlez de sa prédication incessante, et comme une fontaine
publique, toujours prête à se donner. Vous
me parlez des livres qu'il a publiés pour
perpétuer l'écho de ses homélies, vrais chefs-
d'œuvre du genre, et dont la lecture serait
encore pour le bon goût un régal exquis,
lors même qu'elle ne serait pas pour l'âme
un festin de nourrissante lumière. Vous me
parlez des écoles qu'il a créées, et qu'il sou-
tient, *Ad dandam scientiam salutis plebi ejus,* pour
donner aux petits enfants de son peuple la

science du salut, tandis que des écoles d'une
autre sorte semblent avoir un but tout contraire : le but cruel jadis poursuivi par Hé-
rode, celui d'étouffer l'âme de l'enfance, *Ut
quæreret animam pueri.*

» Je ne me lasse pas de vous écouter; et,
sur ce nouveau chapitre, vous n'avez pas non
plus à craindre que je songe à contester le
bien fondé de vos louanges; mais, pour la
seconde fois, et c'est toujours le prêtre loué
par vous qui me charge de vous le faire ob-
server, interrogez les annales bordelaises, et
ces annales vous diront que le dévouement
du sacerdoce à l'instruction du peuple est
aussi ancien à Bordeaux que le sacerdoce
lui-même.

» Sans doute, la doctrine sacrée eut rare-
ment chez nous des interprètes aussi remarquables que notre Archiprêtre de Saint-Seurin; mais, du reste, depuis l'époque de Saint
Martial, le sacerdoce n'a cessé de prêcher à
vos pères cette doctrine céleste, à moins que
vous ne fassiez entrer en ligne de compte les
jours maudits où, au nom de la liberté, la

France fut condamnée à voir la plus exécrable des tyrannies égorger les prophètes du Seigneur, et s'acharner à éteindre dans leur sang le flambeau de l'Évangile.

» Lors même que, sur ce point de notre France, le sacerdoce n'aurait fait qu'enseigner aux générations antérieures cet abrégé de la théologie qui se nomme le *Catéchisme,* quel service ne leur aurait-il pas rendu?

» Ne savez-vous pas, en effet, que le catéchisme c'est le résumé de la sagesse de l'homme, de la sagesse de l'Église, de la sagesse de Dieu même?

» Ne savez-vous pas que c'est le catéchisme qui préserve un peuple docile à ses leçons des grandes épidémies intellectuelles : de la démence impie, de la démence anarchiste, de la démence nihiliste?

» Ne savez-vous pas que le catéchisme, c'est la principale colonne de l'ordre social?

» Devant une assemblée comme celle qui m'écoute, ces propositions n'ont pas besoin de preuves; elles se justifient par leur énoncé tout seul.

» Je vous entends, enfin, exalter sous un troisième rapport le héros de ce jubilé sacerdotal. Vous me vantez ce qu'il a fait pour la sanctification des âmes. Vous me parlez des embellissements sans nombre dont il a doté son église, de la transformation totale qu'il y a opérée, de la magnificence qu'il y a donnée au culte divin, des diverses et nombreuses dévotions qu'il y a suscitées, des congrégations (*Congregati* c'est le mot de l'Évangile, et je ne le rétracte pas) des congrégations de tout genre qu'il y a établies, et dont j'aperçois et salue les riches bannières appendues aux saintes murailles. Salut à la bannière des Cercles Catholiques; salut à la bannière du Patronage des jeunes gens; salut à la bannière des Mères de famille, à la bannière des Enfants de Marie, à la bannière de Sainte-Anne, à la bannière des Servantes!

» Vous me parlez de je ne sais combien d'autres inventions du zèle apostolique de M. le Curé. Vous m'affirmez que ses constants efforts ont réussi à faire de la paroisse de Saint-Seurin une paroisse presque sans

riva!e, une paroisse fière de son nom, de sa
Basilique, de son clergé; une paroisse où les
offices sont assidûment fréquentés et la table
eucharistique quotidiennement assiégée, une
paroisse, en un mot, où triomphe l'esprit de
Dieu, et où brillent aux yeux des anges, en
se laissant malgré elles deviner par les
hommes, des constellations de saintes âmes,
pressées en ce moment dans cette enceinte,
comme les astres de la voie lactée au fir-
mament.

» Continuez à votre aise; touchez cette
dernière corde tant qu'il vous plaira; ce n'est
pas moi qui me plaindrai des sons élogieux
que vous lui faites rendre, en l'honneur de
l'Archiprêtre de Saint-Seurin et des merveilles qu'il a su accomplir pour la sanctification des âmes. Mais, par son ordre et en
son nom, permettez-moi de vous répliquer
ceci : pour la troisième fois, interrogez vos
annales bordelaises, et vos annales vous ré-
pondront que travailler à la sanctification des
âmes, ce fut toujours, parmi nous, la principale occupation du sacerdoce catholique.

» Oui, la principale, la cause finale de toutes les autres, et aussi la plus sublime de toutes, comme de toutes la plus féconde en précieux résultats, pour le bonheur des individus et pour le bonheur public.

» Qu'est-ce, en effet, que sanctifier les âmes? C'est les arracher au joug de leurs mauvaises passions, pour les soumettre au joug de Jésus-Christ, le seul joug qui soit doux, parce que le porter, c'est être libre, c'est régner, régner sur soi-même et sur le monde.

» Sanctifier les âmes, c'est les engendrer, par une sorte de régénération, à une vie incomparablement au-dessus de la vie commune, à une vie véritablement divine, et qui est appelée dans les épîtres de Saint Paul : *la vie éternelle de Dieu dans le Christ-Jésus;* c'est entretenir dans les âmes cette vie divine, la fortifier, l'augmenter; c'est cultiver, dans ces mêmes âmes, la surnaturelle semence de la gloire éternelle, c'est les aider à gagner le Ciel et ses ineffables délices.

» Mais, veuillez le remarquer, sanctifier les âmes, par un autre côté, c'est encore autre chose. Quoi donc? Le voici. C'est travailler excellemment à former des enfants respectueux envers les auteurs de leurs jours, une jeunesse chaste, des époux mutuellement fidèles, des serviteurs corrects, des maîtres indulgents, des riches charitables, des pauvres résignés, des commerçants délicats en affaires, des magistrats intègres, des administrateurs consciencieux et impartiaux; en un mot, des modèles de vertu pour chaque état et chaque condition.

» Sanctifier les âmes, c'est travailler à assurer chez un peuple le règne de la vraie liberté qui est fille de la justice chrétienne, de la vraie égalité qui est fille de l'humilité, de la vraie fraternité qui est fille de la charité.

» Abrégeons. Sanctifier les âmes, c'est travailler à la prospérité de la chose publique, autant qu'à l'éternel salut des particuliers.

» En résumé, soulager les pauvres, instruire le peuple, sanctifier les âmes, c'est ici, à Saint-Seurin, l'histoire contemporaine et inachevée d'un ministère de trente-deux ans; c'est aussi, à Bordeaux, l'histoire tout à l'heure dix-huit fois séculaire du sacerdoce catholique.

» Or, ce qu'il a fait à Bordeaux, le sacerdoce catholique l'a fait pareillement sur tous les points du globe, où il est parvenu à conquérir, presque toujours au prix de son sang, la liberté de ses divines fonctions.

» Si c'est là un fait incontestable, il s'ensuit évidemment que le sacerdoce est le grand bienfaiteur de l'humanité.

» N'allez pas m'objecter des défaillances individuelles, des scandales isolés, accidents inévitables du jeu et des périls de la liberté humaine. Autant vaudrait objecter les taches du soleil, pour en arguer qu'il n'est pas l'universel foyer de la lumière et de la vie.

» Oui, dix-huit siècles sont là derrière nous pour le proclamer : notre sacerdoce est le bienfaiteur universel du genre humain.

» Donc, à ce titre, il a tout droit au respect et à l'amour des peuples, et les peuples ne peuvent, sans forfaire à la justice, lui refuser ce double tribut du cœur.

» Et pourtant, qu'en est-il, à l'heure pré-

sente, dans notre pays de France, pour ne
point parler des autres?

» Sans doute, il existe au sein de la nation
baptisée après Tolbiac, et fille aînée de l'É-
glise, il existe et il existera toujours une
partie saine qui se fait gloire de s'honorer
elle-même en honorant le sacerdoce, en l'entourant de respect, de considération, de sympathie; mais, d'autre part, vous n'avez qu'à
ouvrir les yeux, et vous verrez des multitudes
qui se pressent en tumulte, sous l'impure
bannière d'une immense conjuration ennemie
de Jésus-Christ, et avant tout ennemie de
son sacerdoce. Que si vous ignoriez les sentiments qui inspirent cette coalition sata-
nique, si vous ne saviez les procédés qui la
distinguent, le but qu'elle poursuit, vous
n'avez, pour apprendre tout cela, qu'à relire,
dans le livre des Actes des Apôtres, la page
où est relaté le martyre du patron baptismal
de l'Archiprêtre de Saint-Seurin, le martyre
de Saint Étienne (Act. VII).

» *Dissecabantur cordibus suis, et stridebant dentibus
in eum.* Voilà pour les sentiments qui animent

les ennemis du sacerdoce. Ils ne peuvent en prononcer le nom qu'avec des convulsions de rage et des grincements de dents.

» *Inclamantes autem voce mâgnâ, continuerunt aures suas, et impetum fecerunt unanimiter in eum.* Voilà pour leurs procédés de combat. A toutes les protestations du sacerdoce, ils répondent par des vociférations fanatiques, et en se bouchant les oreilles pour ne rien entendre. En outre, quels que soient les dissentiments qui les divisent sur les autres questions, ils sont toujours prêts à se donner la main, pour se ruer sur le sacerdoce, avec la discipline de la concentration la plus parfaite.

» *Et ejicientes eum extra civitatem, lapidabant eum.* Voilà pour le but qu'ils poursuivent. Ils ont juré de mettre le sacerdoce hors la loi, *extra civitatem,* et de l'écraser sous le poids de leur tyrannie, sous l'amoncellement de leurs diatribes, plus dures, plus brutales et plus aveugles que les pierres qui servirent à lapider le protomartyr.

» Oh ! révoltante ingratitude qui ne peut manquer de provoquer la vengeance du Ciel !

Mais, vos cœurs ne vous l'ont-ils pas déjà dit? cette ingratitude provoque également, de la part des amis de Dieu, un mouvement en sens contraire. Elle provoque, si j'ose le dire, une sorte de croisade, une croisade de respect et d'amour à l'égard du sacerdoce. Et telle est la seconde conclusion pratique que nous devons rapporter de cette fête.

» Oui, puisque les noces d'or de l'Archiprêtre de Saint-Seurin nous ont rappelé, par un éclatant exemple, les bienfaits du sacerdoce, puisque, d'ailleurs, l'heure présente est une heure de blasphème et de malédiction à son égard, protestons hautement contre le scandale d'une telle iniquité.

» A l'encontre du drapeau de ceux qui haïssent le sacerdoce, arborons le drapeau de ceux qui le respectent et qui l'aiment. Jurons de l'aimer d'autant plus qu'on le persécutera davantage. Et, nous adressant au Prêtre éternel, qui est Jésus-Christ, disons-Lui tous ensemble : Seigneur Jésus, le sacerdoce catholique n'est que l'extension de votre éternel sacerdoce, d'où il suit qu'aimer

le sacerdoce catholique, c'est vous aimer vous-
même. Nous voulons donc, plus que jamais,
nous attacher de cœur à la hiérarchie de nos
prêtres. Nous le voulons, en retour des bienfaits d'ordre naturel et d'ordre surnaturel
qu'elle répand sur les hommes, et en compensation de la guerre que lui a déclarée une conjuration infernale. Dût le monde entier trem-
per dans cette conjuration, quant à nous,
nous resterons à jamais debout, tête haute, en
face des insulteurs, du côté des insultés ; en
face des persécuteurs, du côté des victimes.

» Heureuse, Seigneur Jésus, heureuse cette
courageuse femme du drame de votre Passion, cette illustre Sainte dont la Basilique
de Saint-Seurin se glorifie de posséder les
reliques augustes ! Heureuse cette Véronique,
qui, fendant les flots de la foule ameutée,
au mépris de tous les blasphèmes, de toutes
les railleries, de toutes les menaces, s'en
vint se prosterner sur votre passage, et avec
son voile essuya pieusement les crachats, le
sang et les larmes dont votre adorable visage
était couvert ! Ce que fit pour vous, Seigneur,

cette femme héroïque, chacun de nous voudrait le faire, si c'était possible, pour votre sacerdoce, indignement calomnié, indignement conspué, et que ses ennemis traînent aux gémonies, en se riant de ses larmes.

» Ici s'arrête ma tâche. J'avais à dégager de cette belle fête les conclusions pratiques qu'elle est de nature à suggérer aux heureux témoins de ses splendides et édifiantes pompes.

» J'en ai signalé deux principales : l'une, de pieuse reconnaissance envers Dieu qui fait les prêtres, et tout spécialement certains prêtres d'élite; l'autre, de religieux attachement au sacerdoce catholique, représenté par nos prêtres, et plus parfaitement par quelques-uns.

» Et maintenant, cher Monsieur le Curé, cher et vénéré maître, à vous de mettre le dernier couronnement à cette solennité.

» Ce qui m'a été dit à moi-même par le prophète Ézéchiel, je vous le dis à mon tour, en vous priant de l'entendre dans un sens légèrement modifié. *Fac conclusionem.*

» Oui, *fac conclusionem.* Terminez et concluez. Couronnez par une dernière cérémonie cette incomparable solennité de vos noces d’or.

» Il y avait jadis, dans la liturgie mosaïque, un sacrifice qui s’appelait le sacrifice du souvenir, *sacrificium recordationis.* (Num. V, 18.)

» Sacrifice du souvenir ! Voilà bien, à ne prendre les termes que dans leur signification grammaticale, voilà le nom qui convient au sacrifice que vos cinquante ans de sacerdoce ont offert, ce matin, sur cet autel.

» Quel souvenir après un demi-siècle écoulé, quel souvenir que celui du jour où l’on fut créé prêtre pour l’éternité, et où l’on célébra sa première messe !

» Et ce touchant souvenir de la première messe, combien d’autres n’en réveille-t-il pas !

» Que sont-ils devenus, cher maître, ceux qui, ce jour-là, reçurent avec vous la grâce de la prêtrise? Où sont-ils vos maîtres de la

veille, vos amis du lendemain, qui vous im-
posèrent les mains à la suite du Pontife
officiant, l'abbé Lacombe, l'abbé Martial,
l'abbé de Langalerie, l'abbé Lataste? Où
sont-ils vos premiers frères d'armes du Petit-
Séminaire, Charles Marès, Manceau, Dulac,
et les autres?

» Ah! voilà longtemps qu'ils ont quitté notre
vallée d'exil pour une patrie meilleure.

» Néanmoins, laissez-moi vous en faire la
confidence. Sachez qu'ils ne sont pas restés
aujourd'hui étrangers à votre fête des noces
d'or.

» Pendant qu'à l'autel, ce matin, vos mains
reconnaissantes offraient au Père tout-puissant la Divine Victime, pendant qu'elles élevaient vers le Ciel le calice du Sang rédemp-
teur, le Ciel s'est ouvert à mes yeux, *aperti
sunt Cœli;* et, en esprit, j'ai vu là-haut ceux
que la terre connut sous les noms que j'ai
tout à l'heure cités.

» Radieuses du nimbe de l'immortalité,
leurs images se penchaient souriantes au-
dessus de votre tête. Elles s'associaient à

votre joie, à la joie de l'immense assemblée qui vous entourait de ses prières et de ses vœux.

» Et ces bienheureux élus n'étaient pas les seuls qui prissent part à votre triomphe. Il y en avait une foule d'autres, parmi lesquels j'ai reconnu au premier rang (pardonnez à une vieille amitié cette entrée subite et familière dans la région la plus sacrée de votre àme) j'ai reconnu, disais-je, au premier rang, la très douce, très silencieuse, très effacée et très admirable chrétienne qui vous donna le jour.

» Et autour de votre mère, de suave mémoire, combien n'ai-je pas reconnu d'anciens collaborateurs, d'anciens élèves, d'anciens pénitents qui se souviennent d'avoir contracté envers vous quelque dette sacrée !

» Or, ces habitants du Paradis que j'ai aperçus ce matin, assistant du haut de leur glorieux séjour à la messe de votre Cinquantenaire, il me semble les voir en ce moment encore, vous contemplant d'un sympathique regard, et attendant avec nous, pour s'y associer, le *Te Deum* qui va terminer la fête ; *expectant justi*. (Ps.)

» Donc, levez-vous, cher Monsieur le Curé, cher et vénéré maître, levez-vous, montez à l'autel de votre vieille Basilique, j'ai failli dire de votre Cathédrale, tant je demeure étonné, en m'adressant à mon ancien professeur de rhétorique, de ne pas m'adresser à un évêque, pendant qu'aux diptyques de l'épiscopat français, on peut voir scintiller le nom de plus d'un de ses anciens élèves ; levez-vous, montez à l'autel, et, après avoir béni avec le saint Ostensoir cette belle paroisse, cette immense famille dont vous êtes le Père, après nous avoir bénis, nous tous qui avons participé à l'inoubliable solennité de votre jubilé sacerdotal, entonnez l'hymne final des grandes joies chrétiennes, prélude terrestre du chant extatique qui accompagne là-haut les Noces éternelles. — Amen. »

On ne pouvait parler une langue tour à tour plus fine, plus poétique, plus majestueuse, ni tracer d'une façon plus délicate

le portrait du vrai prêtre selon le cœur de
Dieu, ni en faire d'une manière plus ingé-
nieuse une application plus juste. Qu'on se
représente, en outre, la diction magistrale
de l'orateur, l'ampleur de son geste, l'autorité de son accent, et l'on n'aura pas de
peine à comprendre l'admiration de l'auditoire en écoutant ce beau discours, où l'illustre panégyriste a prouvé une fois de plus
que la haute éloquence a sa vraie source
dans le cœur.

L'émotion de l'assistance est au comble
lorsque M. Gaussens, bien ému lui-même,
prend la parole du haut de la chaire. C'est
avec un mélange d'humilité sincère et de
joie naïve qu'il rapporte à Dieu tout l'honneur des hommages qui lui sont prodigués :

« MES TRÈS CHERS FRÈRES,

» Le premier sentiment que j'éprouve en ce
jour où tant d'honneurs me sont rendus, où
tant de sympathies me sont témoignées,
c'est un sentiment de confusion. Qu'ai-je

fait pour mériter un tel triomphe? Mais le prêtre a un refuge contre l'orgueil et une manière particulière d'entendre les honneurs qui lui sont adressés. Il se rejette en Dieu, dont il est le représentant et le ministre, et lui rapporte une gloire qu'il ne saurait sans usurpation s'attribuer à lui-même.

» C'est ce que je fais aujourd'hui, mes Frères; je le comprends trop bien, au sentiment intime que j'ai de mon peu de mérite, ce n'est pas à moi que s'adressent, ce n'est pas à moi du moins que doivent s'arrêter ces solennels témoignages, ces sympathiques effusions des cœurs, qui me touchent vivement; c'est à Dieu, c'est à Jésus-Christ, le Prêtre éternel, que tout cela doit revenir. Non, de tous ces honneurs, je ne veux rien garder pour moi, rien qu'un pieux souvenir de l'affection qui les a préparés. Tout doit aller à Dieu.

» Moi, je ne suis que son humble serviteur et le fils de sa servante, *ego servus tuus et filius ancillæ tuæ.* Il m'a pris dès mes jeunes années, *suscitans a terra inopem*, il m'a choisi par un privilège qui m'honore infiniment, et dont je lui serai éternellement reconnaissant, il m'a conduit par la main durant tout le cours de mon existence, et je n'ai vraiment pas à regretter de m'être attaché à cette main paternelle et d'avoir suivi sa douce et bienveillante impulsion.

» Oui, mes Frères, souffrez que je donne ici un démenti à l'adage commun : *Personne n'est content de son sort.* Moi, je suis content du mien, de ce sort que le bon Dieu m'a fait; et, je vous le dis sincèrement, si j'étais à recommencer ma vie, et que le choix me fût laissé de la route à suivre, je n'en choisirais pas d'autre que celle que j'ai suivie, bien qu'elle n'ait pas toujours été pour moi semée de fleurs.

» La maison paternelle, humble et modeste, mais où la foi régnait, les Séminaires où j'ai passé trente ans, où j'ai prié, où j'ai étudié, où la Providence m'a préparé, dans le silence et sous l'action d'une discipline austère, au ministère pastoral que j'étais appelé à remplir, d'abord à Queyrac, paroisse émi-

nemment chrétiennc, à laquelle j'envoie en
ce jour un affectueux souvenir, et puis ici,
à Saint-Seurin, où je trouvai, à ma grande
satisfaction, Notre-Dame de la Rose, rem-
plaçant pour moi Notre-Dame de Verdelais,
dans le sanctuaire de laquelle j'avais été
baptisé, et Saint Seurin, qui était alors et
qui est encore aujourd'hui le patron de la
petite église du village où je suis né.

» Je dois beaucoup, j'en suis convaincu, à
ce double patronage et à celui des Saints
illustres que l'on vénère dans cette Basilique.
Que de fois je les ai invoqués durant mon
pastorat !

» C'est en 1856, le 14 septembre, fête de
l'Exaltation de la Sainte Croix (il y a
trente-deux ans passés de cela) que m'a été
confié le gouvernement de cette paroisse par
Son Éminence le Cardinal Donnet, de glorieuse et regrettée mémoire. La paroisse était
bonne, bien constituée, sérieusement organisée par un pasteur de grand mérite et de
grandes vertus, qui lui avait donné vingt-
quatre ans d'un zèle ardent, d'un travail actif

et fécond, disons mieux, qui lui avait donné sa vie, épuisée avant l'âge, M. l'abbé Cellier de Soissons, dont les anciens ont gardé si bon souvenir.

» En entrant dans ses travaux, je n'avais qu'une ambition, suivre ses traces et continuer, maintenir tout au moins, le bien qu'il avait fait. Ai-je atteint ce but? Ah! je le sais, la paroisse de Saint-Seurin a bon renom dans la cité, *fides vestra annuntiatur;* le témoignage qu'on vous rend est d'ailleurs trop doux à mon cœur de père, pour que j'essaie d'y contredire. Oui, il y a du bien dans cette paroisse, il y a de saintes âmes, et en grand nombre; il y a des œuvres, et elles prospèrent; il y a des associations pieuses pour tous les âges, pour tous les sexes, pour toutes les conditions, Conférence de Saint-Vincent de Paul, Cercle Catholique, Patronage des Apprentis, Mères de famille, Dames et Demoiselles de charité, Congrégations de jeunes filles, Écoles chrétiennes, Catéchisme de Persévérance; je ne puis les énumérer toutes. Et pour établir et pour dé-

velopper et maintenir ces œuvres, comme
aussi pour rendre à cette vénérable Basilique
son ancienne splendeur, j'ai trouvé partout
et chez tous le concours le plus dévoué et
le plus généreux; dans mes vicaires d'abord,
qui se sont succédé près de moi pendant
trente-deux ans, et dont le plus grand
nombre, présent à cette cérémonie, m'en-
toure comme d'une glorieuse couronne.
Deux, hélas! sont morts, d'autres sont retenus par la distance, par la maladie ou
par de hautes fonctions qu'ils ne peuvent
abandonner.

» Ce concours bienveillant et utile, je l'ai
constamment rencontré dans les Administrateurs de l'église, tant anciens que nou-
veaux; car ils se sont déjà renouvelés
plusieurs fois, et quelques-uns sont allés
recevoir là-haut la récompense de leur zèle
pour la maison de Dieu. La présence de
ceux qui survivent, la part active qu'ils ont
prise à l'organisation de cette fête est un
témoignage irrécusable, et dont je sens tout
le prix, de leur sympathie pour le pasteur.

» Ce concours, je l'ai trouvé dans les chefs, directeurs, présidents des diverses œuvres. Je l'ai trouvé dans les nombreuses familles religieuses qui peuplent si heureusement la paroisse, et l'aident, quelques-unes par leurs saintes prières, d'autres par leur dévouement soit aux pauvres, pour les soulager, soit aux enfants, pour les instruire, qui toutes l'édifient par leurs pieux exemples : Filles de la Charité, Dames de Nevers, Sœurs de l'Immaculée-Conception, Petites-Sœurs des Pauvres, Religieuses de la Réunion, de Notre-Dame, de la Visitation, Frères du Bienheureux de la Salle, Frères de Saint-Gabriel.

» Ce concours, je l'ai trouvé dans un grand nombre de laïques, surtout parmi les femmes. Combien depuis trente ans que la mort a moissonnées parmi nous dans l'exercice de leur pieux et charitable ministère ! Mais qu'importe ! les rangs ne restent jamais vides. Il semble que l'exemple de Sainte Véronique, cette grande chrétienne, cette femme héroïque, dont je vois d'ici les re-

liques, multiplie dans cette paroisse les dé-
vouements et suscite sans cesse des femmes
qui s'attachent comme elle aux pas de Jésus
et se plaisent à consoler ses douleurs.

» Merci donc à tous ceux qui m'ont aidé
dans ma tâche! Le bien qui a pu se faire
durant ces trente-deux ans leur appartient
encore plus qu'à moi.

» Mais, à supposer que ce bien ait été ce
qu'on le dit, que la paroisse de Saint-Seurin
soit bonne, pieuse, qu'elle se soit conservée
ce qu'elle était jadis, telle enfin que me l'a
laissée mon digne et vénéré prédécesseur,
ai-je eu raison de vous dire que mon ambition n'était autre que de la maintenir dans
cet état? Devais-je borner là mes désirs, et
n'y avait-il pas pour moi obligation de les
étendre plus loin et de faire davantage? Je
connais cette maxime de la vie spirituelle :
Ne pas avancer, c'est reculer. Nous savons, de
plus, nous ministres de Jésus-Christ, pasteurs à charge d'âmes, nous savons que,
tant qu'il nous reste quelque chose à faire,
nous n'avons rien fait. Nous avons entendu

le cri suprême du Sauveur du haut de la
Croix : *Sitio,* j'ai soif. Et comme Jésus, nous
avons soif du salut de nos ouailles, j'en
atteste les vénérés pasteurs qui entourent
en ce moment leur frère; et notre soif est
inextinguible, et elle ne peut être apaisée
que par le salut de tous ceux qui nous ont
été confiés, de tous jusqu'au dernier. On
appellera cela de tel nom qu'on voudra,
ambition sacerdotale, envahissement religieux, empiétement clérical, fanatisme, fu-
reur, n'importe. Cela est ainsi, et cela sera
toujours. Un souffle nous pousse, le souffle
violent du cénacle, et ce souffle, il part de
trop haut pour qu'aucune force humaine
l'arrête jamais.

» Ah ! lorsque nous voyons ce qu'ont fait
les saints dans cet ordre de choses, ce qu'ils
auraient voulu faire, nous sommes saisis de
crainte, et regardons comme insignifiant le
peu que nous faisons.

» Saint Grégoire Thaumaturge, évêque de
Césarée dans le Pont, allait mourir. Il
demande à l'un de ses prêtres combien il

reste de païens dans sa ville épiscopale :
« Dix-sept », lui est-il répondu. « Grâces
soient rendues à Dieu, s'écrie-t-il, il n'y avait
que dix-sept catholiques, quand j'y suis
arrivé ». Hélas! combien, moi, pasteur de
trente-deux années, combien je suis loin de
ce compte!

« Que répondrai-je à Dieu, s'écrie Saint
Grégoire le Grand, quand je paraîtrai devant
lui, seul ou presque seul, alors que Pierre
lui amènera les peuples de l'Orient et de
l'Occident convertis par sa parole, Paul les
églises de l'Asie et de la Grèce, Jean celles
de l'Asie-Mineure, et chacun des Apôtres les
nations qu'il aura évangélisées? » Il oubliait,
l'humble Pontife, les âmes sans nombre que
ses prédications, que ses écrits, que ses
missionnaires avaient conquises; il oubliait
l'Angleterre tout entière amenée à la foi
par Augustin et les moines ses compagnons
qu'il lui avait envoyés. Mais si tels furent
les fruits de l'apostolat des saints, si telles
étaient leurs terreurs en voyant le peu qu'ils
croyaient avoir fait, quels doivent être les

sentiments d'un pasteur, au terme de sa carrière, à la vue de sa maigre moisson, comparée aux moissons si riches, si abondantes de ceux qui l'ont précédé dans le champ du père de famille !

» Déjà, mes Frères, durant cet espace de trente-deux ans, plus de la moitié de la population de cette paroisse a passé de la vie présente à une autre vie, et a paru devant le Juge suprême. Que lui a-t-elle dit? Elle a parlé du pasteur assurément. A-t-elle loué son zèle et son amour des âmes, ou bien s'est-elle plainte de sa tiédeur et de sa négligence à leur égard ! Dieu seul le sait, mes Frères, et le témoignage que pourrait se rendre le pasteur sur ce point et dans sa propre cause serait nul et de nulle valeur.

» Sans doute, si je n'ai pas fait autre chose, j'ai prêché du moins; quelques-uns diront trop, peut-être : pas assez, selon moi. « Je n'ai rien omis, me hasarderai-je à dire avec l'Apôtre, pour vous instruire de ce qui pouvait vous être utile et pour vous apprendre vos devoirs. » (Act. 20.) Peut-être aurais-je le droit de me plaindre que tous n'aient pas entendu ma parole, comme c'est le devoir des brebis de l'entendre : « *Oves vocem ejus audiunt* »; que plusieurs s'y soient dérobés. Mais sur ce point comme sur tous les autres, aurais-je satisfait à ma conscience, je n'en serais pas pour cela justifié : « *Nihil mihi conscius sum, sed non in hoc justificatus sum* ». Pourrai-je, au moins, à la fin d'une longue carrière pastorale, dire, avec le même apôtre : « *Mundus sum a sanguine omnium* », je suis pur, innocent du sang de tous? Hélas! non, je n'oserai le dire. Toutefois, Seigneur, épargnez-moi, je vous en supplie, et ne réclamez pas de votre serviteur le sang de la plus humble de ses brebis, du plus petit de ses agneaux.

» Nos responsabilités sont si grandes, si redoutables! Il dépend de vous, mes Frères, de vous qui restez, de les alléger. Soyez dociles aux enseignements du pasteur, suivez les routes que sa main vous indique, remplissez exactement, intégralement vos devoirs

de chrétien, augmentez chaque jour, à mesure que vous quitterez ce monde, le nombre
des élus sortis de cette terre de Saint-Seurin
qu'ont foulée tant de saints, que tant d'a-
pôtres ont arrosée de leurs sueurs et de leur
sang.

» J'espère, mes Frères, que tel sera le fruit
de la fête de ce jour. Oui, cette fête, si belle,
si splendide, aura un heureux retentissement
au cœur de la paroisse. Elle n'aura pas été
une pompe vaine, une magnifique, mais stérile manifestation des sympathies du troupeau pour le pasteur. Non, elle sera pour
tous la source des biens les plus précieux.
Ce n'est que dans cet espoir que j'en ai
accepté les honneurs.

» Vous ne tromperez pas mon attente, mes
Frères. Ce jour inaugurera pour Saint-Seurin
une ère de rénovation et de fidélité crois-
sante. Vous vous rapprocherez du pasteur ;
vous vous ferez plus nombreux, plus assidus,
plus recueillis aux offices de la paroisse.
Vous entendrez avec attention et docilité les
derniers accents de votre curé ; vous recevrez

de sa main le pain qui donne la vie. Nous
ferons ensemble ce qui me reste du chemin
à parcourir, et nous arriverons ainsi, heureusement, au terme du voyage, vous, me
soutenant par votre piété filiale, et moi, vous
encourageant par mes paternelles exhorta-
tions. Et puissé-je me présenter à Dieu,
quand il lui plaira de m'appeler, non pas
seul, et pasteur sans troupeau, mais entouré
d'une foule innombrable d'âmes, dont le
salut désormais assuré plaidera en ma faveur
et m'obtiendra les indulgences divines. Puissions-nous tous nous rencontrer là-haut,
sans qu'il en manque un seul, à ces fêtes
éternelles, dont celle-ci n'est que l'ombre.
Puissé-je dire à Dieu qui m'a fait prêtre,
qui m'a fait pasteur, qui m'a fait père :
*Ecce ego et pueri mei quos dedit mihi Dominus : non
perdidi ex eis quemquam.* Me voici, moi et les
enfants que vous m'avez donnés : je n'en ai
perdu aucun. (Joan., XVIII, 9.)

» En un mot, mes Frères, concluons,
comme nous y a invités l'éloquent et pieux
orateur que nous venons d'entendre : *Fac*

conclusionem. Tous au ciel un jour, pasteur et troupeau. Mais en attendant, tous sur la route du ciel ! Ainsi soit-il. »

C'est bien le langage cordial, simple, naturel, et d'autant plus touchant, du vrai père de la famille paroissiale, du bon pasteur tout dévoué à son troupeau à l'exemple de son divin Maître, et qui, s'oubliant lui-même, se sent et se déclare avant tout responsable de chacune des âmes confiées à sa garde. On peut dire qu'à cet instant l'attendrissement est général : les cœurs de tous les fidèles battent à l'unisson du cœur de leur bien-aimé curé.

L'heure de la bénédiction solennelle est arrivée. M. le Curé a pour assistants, comme diacre et sous-diacre d'honneur, deux de ses anciens vicaires, MM. Broussard et Gizard ; comme diacre et sous-diacre d'office, deux de ses vicaires actuels, MM. Cartau et Cadignan. Il a ainsi auprès de lui le passé et le présent, ou, si on l'ose dire, l'Ancien et le Nouveau Testament.

C'est aussi l'instant de l'illumination générale de l'église : par la main active du
sacristain, des guirlandes de lumière, s'al-
lumant de toutes parts avec une rapidité
merveilleuse, courent en cordons de feu
le long des galeries de l'orgue, s'enroulent
en rubans étoilés au fronton de chaque cha-
piteau, enlacent d'un cercle étincelant le
contour des vitraux du sanctuaire, qu'elles
couronnent d'une auréole éblouissante. En
même temps, les chants s'élèvent de nouveau
et retentissent avec une harmonie encore plus
large et plus puissante : c'est l'*Adeste fideles*,
chanté à l'unisson avec accompagnement
d'orchestre; c'est un motet de circonstance,
Tu es Sacerdos, d'une facture des plus mélodieuse; c'est enfin un admirable *Tantum ergo,*
d'un accent grave et imposant. Le spectacle
de la Basilique est d'une splendeur idéale au
moment où la bénédiction de Dieu descend
sur les fidèles inclinés : on a comme l'in-
tuition d'une vision du Paradis.

Longtemps encore après la clôture de cette
magnifique cérémonie jubilaire, à mesure

que les heureux assistants se retirent à
regret, les très nombreux paroissiens qui,
moins favorisés, avaient dû se résigner à
stationner au dehors, s'empressent de pénétrer à leur tour dans la Basilique, toujours
illuminée, pour jouir au moins un instant
du ravissement de ce coup d'œil féerique,
et prendre aussi leur part de la fête en
adressant au ciel une fervente prière pour le
héros du jour. Les flots populaires ont
alimenté bien avant dans la soirée ce pieux
pèlerinage.

Ce même soir, à six heures, dans le bel
établissement des Frères de la Doctrine
chrétienne, dont M. le Curé a doté la paroisse, un banquet offert par la Fabrique
a rassemblé une centaine de prêtres et de
laïques, heureux d'achever la journée dans
une réunion tout intime. Le cher Frère
Directeur avait mis son école au service des
organisateurs avec l'empressement le plus
hospitalier. On connaît la disposition du
local, qui permet, en enlevant les cloisons
mobiles séparant les classes, de former faci-

lement une seule grande salle. Ce vaste *hall*, aux murs blancs et aux portes vitrées, métamorphosé par les soins d'un jeune enfant du Patronage, en qui s'est révélé le génie de la décoration, avait pris le riant aspect d'un appartement des plus confortable. Que de fragiles merveilles peuvent être improvisées en quelques heures par une bonne volonté intelligente et zélée! Nous étions loin de nous douter de tout ce qu'une main adroite, au service d'une imagination féconde, sait découper à peu de frais d'ornements, d'arabesques, de festons légers et charmants dans quelques feuilles de papier bleu ou rose. Des tentures obligeamment prêtées par M. E. Cornette complètent la décoration et drapent d'une parure plus riche les murailles voisines des places d'honneur. Des corbeilles de fleurs, des compotiers de fruits, quelques plantes vertes, des candélabres, ornent sans surcharge la table, parfaitement servie par M. Grisch, le traiteur bien connu. Tout cela est fort simple, mais fort gracieux et fort élégant.

A six heures et demie, M. l'Archiprêtre fait

son apparition, salué par l'Harmonie des
élèves des Frères, habilement dirigée par son
chef distingué, M. Guérin. Avant le banquet,
la Société des Apprentis présente des fleurs et
l'expression de ses hommages. Se détachant
du groupe, le jeune Henri Castanet prend la
parole au nom de ses camarades : il remercie M. le Curé de son bienveillant patronage en un petit discours dont le fond et
la forme sont également à louer, et où se
révèlent les prémices d'une âme vraiment
chrétienne, et peut-être sacerdotale. Les
enfants de la Psallette offrent ensuite un bouquet accompagné d'un compliment fort bien
tourné. Puis les accords d'un piano et d'un
harmonium se font entendre : M. l'Organiste
de Saint-Seurin et M. Georges Bonnet nous
ravissent par un mélodieux prélude, la voix
charmeresse de M. l'abbé Sursol s'élève et
module délicieusement des couplets, écrits
pour la circonstance par M. Gaston David,
sur lesquels M. Doney a brodé une musique
exquise qui fait le plus grand honneur à son
talent de compositeur. Après chaque couplet,

les enfants reprennent en chœur le refrain
de cette cantate, dont voici le texte :

Qu'il est beau le rôle du Prêtre !
Instruire, consoler, bénir ;
La flamme du bien à transmettre ;
L'âme à conduire au Divin Maître
Vers son éternel avenir ;
La paroisse, par la prière,
A soulever vers la lumière.

De la paroisse et du pasteur
Dieu bénisse les destinées !
Qu'il leur donne longues années
De paix, d'amour et de bonheur !

Notre bon pasteur est l'image
De l'auguste Père des cieux.
On voit germer sur son passage
Toutes ces vertus d'un vrai sage,
Qui, pour le charme de nos yeux,
Dans notre chère Basilique
Fleurissent comme au temps antique.

Les noces d'or sont jour de fête,
Grand jour de fête à Saint-Seurin ;
Pour le célébrer tout s'apprête,
Car tous les cœurs sont la conquête
Du pasteur bon, savant et saint,
Que, pour la paroisse qu'il aime,
Le Seigneur a choisi lui-même.

Enfin, M. Rabion, Président du Conseil de Fabrique, prend place à table, ayant à sa droite M. Buche, Vicaire Général, représentant Mgr Guilbert, Archevêque de Bordeaux, et à sa gauche M. Boreau-Lajanadie, député de la Charente, après avoir fait asseoir en face de lui M. Gaussens, entre M. Petit, Vicaire Général, à droite, et Mgr Cirot de la Ville, à gauche.

Nous donnons la liste complète des invités, en désignant par des italiques les noms de ceux qui n'assistaient pas au banquet.

La famille de M. Gaussens :

<table>
<tr><td>MM.</td><td>MM.</td></tr>
<tr><td>Gaussens (abbé).</td><td>Guiton.</td></tr>
<tr><td>Gaussens (Stanislas).</td><td>Graves.</td></tr>
<tr><td>Gaussem.</td><td>*Obissier*.</td></tr>
<tr><td>Queyrens.</td><td>Jeantieu.</td></tr>
<tr><td>Salles.</td><td>Dr Busquet.</td></tr>
</table>

MM. les Vicaires Généraux :

<table>
<tr><td>MM.</td><td>MM.</td></tr>
<tr><td>Buche.</td><td>*Gervais*.</td></tr>
<tr><td>Petit.</td><td>Garriguet.</td></tr>
<tr><td>*Fallières*.</td><td>Dénéchaud.</td></tr>
</table>

MM. les Administrateurs de la Fabrique :

<table>
<tr><td>MM.</td><td>MM.</td></tr>
<tr><td>Rabion.</td><td>*Dert*.</td></tr>
<tr><td>*Despagnet*.</td><td>Courau.</td></tr>
<tr><td>Mgr Cirot de La Ville.</td><td>*De Batz de Trenquelléon*.</td></tr>
<tr><td>Raymond.</td><td>De Tréverret.</td></tr>
<tr><td>Du Temps du Gric.</td><td>David (Gaston).</td></tr>
</table>

MM. les anciens Fabriciens :

<table>
<tr><td>MM.</td><td>MM.</td></tr>
<tr><td>Boreau-Lajanadie.</td><td>*Bourgade.*</td></tr>
<tr><td>Rivière-Bodin.</td><td>*Degrange-Touzin.*</td></tr>
<tr><td>*Daviaud.*</td><td></td></tr>
</table>

La famille vicariale :

<table>
<tr><td>MM.</td><td>MM.</td></tr>
<tr><td>Capdegelle.</td><td>Lacoste.</td></tr>
<tr><td>Broussard.</td><td>*Décourty.*</td></tr>
<tr><td>*Delmas.*</td><td>*Latour.*</td></tr>
<tr><td>Manceau.</td><td>Gizard.</td></tr>
<tr><td>Giresse.</td><td>Blanc.</td></tr>
<tr><td>*Pauvif.*</td><td>Martron.</td></tr>
<tr><td>*Martineau.*</td><td>Cartau.</td></tr>
<tr><td>Beau.</td><td>Cadignan.</td></tr>
<tr><td>Méaulme.</td><td>Luflade.</td></tr>
</table>

MM. les Curés de la ville de Bordeaux :

<table>
<tr><td>MM.</td><td>MM.</td></tr>
<tr><td>Raymond.</td><td>Delarue.</td></tr>
<tr><td>Rousset.</td><td>Gourlier.</td></tr>
</table>

MM.

Castaing.
Moreau.
Dolhassary.
Tourreau.
Lafargue.
Raymond.
Marquette.

MM.

Dauby.
Deydou.
Pauly.
Cazenave.
Mercier.
Guicheteau.

MM. les Ecclésiastiques :

Marès.
Charlot.
Laprie.
Parenteau.
Sérafon.
De Montigny.
Montel.
Seignac-Beck.
Cartau aîné.
Orry.

Bégué.
Hostein.
Cano.
Lafourcade.
Lalanne.
Sursol.
R. P. Bousquet.
R. P. *Marie de Gonzague.*
R. P. Forestié.
R. P. Petitalot.

Cher Frère Visiteur des Frères des Écoles chrétiennes.
Cher Frère Supérieur de l'École de Saint-Seurin.
Chers Frères des classes de l'École de Saint-Seurin.

MM.	MM.
Fabre de La Bénodière.	*Joseph.*
Cavé-Esgaris.	Sosthènes.
Perrau.	Doney.
Dubruel.	Limonot.
Dr *Oré.*	Bonnet (G.).
Flandrai.	Bonnet (H.).
Richet.	Guérin.
Sainsevin.	

On eût vivement désiré grouper autour de M. l'Archiprêtre, en cette occasion solennelle, tous les enfants de la paroisse de Saint-Seurin devenus prêtres, mais ils sont si nombreux ! Ils étaient d'ailleurs représentés par M. Lalanne, de la dernière ordination.

Pendant le premier service, il s'est produit un épisode bien touchant. Personne n'ignore qu'il existe sur le territoire de la paroisse de Saint-Seurin un important asile libre, fondé et entretenu par la charité inépuisable du frère de M. le Curé, le saint abbé Gaussens, providence visible de l'enfance aveugle et sourde-muette. Ce qui est moins connu

peut-être, c'est que l'admirable dévouement
des maîtres de ces malheureux enfants, faisant
tomber la barrière qui les séparait du monde,
a su triompher d'une infirmité que l'on croyait
invincible. Les muets parlent, et parlent fort
distinctement. Nous en avons eu la preuve
quand, une députation de l'école de la rue de
Marseille ayant été introduite, un jeune sourd-
muet a prononcé, et comme martelé, d'une
voix pleine, nette et presque métallique, un
compliment formulé dans les meilleurs termes,
mais dont la rédaction n'était que l'un des
moindres mérites. Les jeunes aveugles ont
aussi témoigné de leur gratitude pour l'appui
si généreux, le concours si efficace que leur
école a toujours rencontrés dans le chef de la
paroisse. Ils ont chanté avec beaucoup d'art
et de cœur, sur un bel air de Méhul, une
cantate où l'on a remarqué surtout ce vers
heureux : « Votre frère, c'est notre père »,
qui a soulevé, comme les paroles du jeune
muet, d'unanimes applaudissements. M. le
Curé, avec beaucoup d'à-propos, répond qu'il
s'est, en effet, toujours regardé comme leur

oncle adoptif, et qu'il n'abdiquera jamais ni les privilèges ni les obligations d'un titre qui lui est cher.

Au cours du second service, la fanfare du Cercle Catholique, exécute avec son brio habituel quelques-uns des morceaux les plus éclatants de son répertoire. Si on l'écoute un peu distraitement, ce n'est point que l'on n'apprécie son mérite, mais les conversations amicales engagées entre les convives détournent à demi l'attention.

Tout à coup, à un signal donné par M. Martron, un profond silence s'établit. Voici le dernier service, et avec lui l'heure des toasts. C'est le premier des anciens vicaires, M. Broussard, qui ouvre le feu, comme il le dit lui-même, avec esprit et grâce. Nulle ouverture ne pouvait mieux préluder à ce juste concert d'éloges que le toast, plein de cœur et fort applaudi, où M. le Doyen de Créon esquisse, d'une main sûre, un portrait qui présente à la fois la ressemblance du modèle et celle du peintre. Il n'est pas un des assistants qui ne se soit plû à y reconnaître également, avec l'image des anciens vicaires de M. Gaussens, la vivante peinture de ses vicaires actuels, qui, formés à si bonne école, suivent si bien la tradition de leurs aînés, et font prospérer dans la paroisse toutes les œuvres et fleurir toutes les vertus :

« MONSIEUR ET CHER ARCHIPRÊTRE,

» Dans ce feu roulant de paroles gracieuses qui vont vous être adressées, vos vicaires passés et présents tiennent à honneur de jeter les premiers quelques étincelles. C'est leur droit. Ne sont-ils pas les premiers de la famille paroissiale? les témoins chaque jour de vos vertus? C'est leur devoir de les publier, comme il était, comme il est de leur intérêt de les imiter.

» Que nous étions heureux, ce soir, dans votre Basilique, en entendant l'illustre orateur bordelais tracer de vous la copie vivante du divin Maître! Si nous lisons sa belle vie, trois qualités nous ravissent et

nous enthousiasment : son amour de l'enfance, son dévouement pour toutes les misères humaines, ses tendresses ineffables
pour les âmes égarées.

» Ah! Monsieur le Curé, il suffit d'ouvrir
les yeux et de vous suivre. Et ces œuvres
sans nombre établies dans votre belle paroisse pour la sanctification de l'enfance
et de la jeunesse; et votre assiduité au
chevet des malades; et ces ressources que
vous savez procurer pour faire oublier la
grande indigence; et ces pécheurs que vous
savez si bien attirer par votre éloquence,
et gagner par vos bontés : tout ici nous
rappelle le *sinite parvulos venire ad me*, le *cu-
rabuntur omnes*, le *non veni vocare justos, sed pec-
catores*.

» Votre vie, Monsieur le Curé, s'appelle une
vie pleine. Et elle le sera encore longtemps,
grâces à Dieu! Car après vos cinquante
années de travaux incessants, nous pouvons
vous répéter ce que disait en pareille circonstance un illustre prélat à l'un de ses
collègues, en empruntant le langage de

Saint Jérôme : « Vos yeux sont bons et votre vue est nette. Votre oreille n'est point devenue si paresseuse que vous ne suiviez fort bien le discours. Votre voix est sonore et mélodieuse. Votre corps est solide et plein de sève. Votre teint contraste avec votre chevelure. Vos forces donnent un démenti à votre âge. Les années n'ont point démoli votre mémoire. La vivacité de votre esprit, toujours plein de chaleur, n'a pas été émoussée par un sang refroidi. Votre visage n'est point contracté par les rides, ni assombri par un front chargé de plis. Enfin, votre écriture rapide et bien alignée ne révèle point une main qui tremble, ni une plume qui dévie. »

» La vieillesse, cher Monsieur le Curé, s'est présentée hier à votre porte, et elle a reculé... Qu'elle recule encore longtemps, et pour votre belle paroisse de Saint-Seurin, dont vous êtes l'âme, et pour MM. vos Vicaires, dont vous êtes le guide et le Père ».

M. Dubruel, Vice-Président de la Confé-

rence de Saint-Vincent de Paul, remplace
le Président, M. Fabre de La Bénodière,
dont l'absence, causée par la maladie, est
vivement regrettée de tous. Il ne pouvait
être mieux suppléé que par M. Dubruel, qui
traduit avec tact, et d'un accent cordial et
franc, les sentiments de reconnaissance et
de respectueux attachement par lesquels,
depuis tant d'années, la Société dont il est
l'organe est unie à M. Gaussens. M. Dubruel arrivait de voyage depuis un quart
d'heure, venant de fort loin; ni la voix,
ni l'esprit n'étaient fatigués.

Le R. P. Petitalot, Supérieur de Verdelais, prend ensuite la parole, et sa voix
apporte l'écho du pays natal. Mais il n'est
pas seulement l'interprète des compatriotes
de M. le Curé, il semble être le messager
de Notre-Dame de Verdelais elle-même,
lorsque, par une délicate inspiration, il cite,
au milieu de l'approbation universelle, quelques-uns des vers les plus heureux dictés au
poète de Verdelais par l'amour de sa Mère
bien-aimée :

« Monsieur l'Archiprêtre,

» J'ai entendu parler d'un calice qui vous fut offert, il y a quelques années, et sur lequel étaient gravés ces mots de nos saints Livres : *Jucundabitur in filiis*. (Eccle. iii, 6.)

» Rien de plus vrai : vos fils sont votre honneur et votre joie. Ce soir même, l'un d'eux faisait retentir les voûtes de votre Basilique des accents émus de son éloquence, et si le respect du lieu saint ne nous eût retenus, nous l'eussions vivement applaudi. Ce qu'il disait était si bien la pensée de tous ! Le panégyriste et le héros — je ne dis pas le saint, puisqu'il nous est défendu de canoniser les vivants, si saints qu'ils puissent être — le panégyriste et le héros étaient dignes l'un de l'autre.

» Mais ai-je bien cité dans son vrai sens l'inscription du calice ? *Jucundabitur in filiis ?* Est-ce bien vous, Monsieur l'Archiprêtre, qui devez être le sujet du verbe ? N'est-ce pas plutôt une autre personne que vous aimez plus que vous-même, l'Immaculée

Vierge Marie, Notre-Dame de Verdelais,
dont je suis ici le pauvre et bien indigne
représentant?

» Oui, Notre-Dame de Verdelais est heureuse et se glorifie de ses fils, des prêtres
qu'elle a donnés à la sainte Église. Deux
sont ici, frères par le nom et par l'affection,
plus frères encore par le dévouement et les
bonnes œuvres. Mais vous êtes l'aîné, Monsieur l'Archiprêtre, et Monsieur votre frère
sera de mon avis, si je salue en vous le plus
glorieux des fils de Notre-Dame de Verdelais.

» Notre-Dame de Verdelais! vous l'avez
chantée avec l'amour d'un fils pour sa mère.
Vous avez gémi sur la dévastation de son
sanctuaire dans les siècles passés :

« Dis-moi, père, pourquoi ce vieux mur en ruine,
» Qui tremble sous le vent au flanc de la colline,
» Et que l'incendie a noirci? »

» Vous avez salué sa restauration par les
mains du Cardinal de Sourdis :

« La voyez-vous là-bas, sur sa colline verte,
» La chapelle autrefois déserte?
» La voyez-vous sortir de son morne sommeil? »

» Vous avez célébré son Couronnement solennel au nom du Souverain-Pontife, et son
règne désormais ininterrompu sur les cœurs
des enfants de l'Aquitaine :

« Sonnez, sonnez toujours, cloches aériennes,
» Dites au char de feu dans l'espace emporté,
» Dites-lui que Marie est des âmes chrétiennes
   » La gloire et la félicité. »

» Et vous ne faites pas mystère de ce doux
et puissant attrait qui vous conduit aux pieds
de la Madone :

« Est-il cité bruyante, est-il champ sur la terre,
» Où le ciel bienfaisant versa plus de bonheur
» Que n'en tient dans son sein ce vallon solitaire
   » Qu'à tout lieu préfère mon cœur ? »

» C'est cet aveu que je veux retenir, Monsieur l'Archiprêtre. Puisque Verdelais est le
lieu préféré de votre cœur, nous avons l'espérance de vous y voir souvent. Et les paisibles habitants, vous voyant passer, diront
de nouveau : « Plus il est élevé et honoré,
plus il est simple, modeste et bon ».

C'est alors le tour de la poésie, qui ne

pouvait être absente aux noces d'or d'un poète. M. Gaston David, à qui est échu le périlleux honneur de la représenter, s'exprime en ces termes :

Pieux et bon, vivante image de sa mère,
Aux champs de Verdelais court un enfant joyeux.
Une autre mère est là dans le doux sanctuaire,
L'aimant, veillant sur lui ; c'est la Reine des Cieux.

Verdelais ! Terre sainte, et deux fois maternelle,
Contre le vent du siècle et l'orage du temps,
Comme un trésor nouveau de l'antique chapelle,
Tu gardes l'âme en fleur de ce lis du printemps.

Ce beau lis virginal, éclos entre tes pierres,
Élevant dans l'air pur son calice embaumé,
Laisse, au vent du matin, l'encens de ses prières
S'exhaler de son cœur vers son ciel bien-aimé.

Sur les ailes du temps les rapides journées
Emportent ces rayons qu'on ne fait qu'entrevoir :
A cette liberté des premières années
Va succéder l'étude et l'austère devoir.

Aux créneaux du Petit et du Grand-Séminaire,
Lévite en blanc surplis ou vaillant écolier,
L'enfant de Verdelais a planté sa bannière
Et couronné son front du chêne et du laurier.

Puis voici que l'élève à son tour passe maître,
Et son enseignement est fécond entre tous.
Il excelle à former l'âme et l'esprit d'un prêtre.
Nous en voyons, ce soir, la preuve devant nous.

Vous m'en êtes témoin, vous, parole éloquente,
De tout le Languedoc orateur préféré ;
Vous, Primat vénérable, et dont la main prudente
Porte si dignement la croix de Saint-André.

Séminaires bénis ! Bienheureuse est la vie
Qui, dans vos visions dès l'enfance ravie,
Éprise du seul bien qui ne trompe jamais,   [paix,
Loin du tumulte humain, dans l'ombre et dans la
Suivant la loi du Christ et ses pures doctrines,
Goûte ici la douceur des promesses divines.
Sous ces voûtes où court un souffle matinal
La prière et la foi font fleurir l'idéal.

J'y vois la gloire aussi venir, comme une amie,
Des palmes de l'Église et de l'Académie
Honorer le talent d'un jeune professeur,
Poète délicat, élégant orateur.

Mais ce maître chrétien a soif de sacrifice,
Et, simplement armé de la Croix rédemptrice,
Bon curé de campagne il va prêchant la paix.
Son presbytère est humble et n'a rien d'un palais.
La charité l'habite, et sa sœur, la prière,
Y répand ses parfums, y verse sa lumière.
A Queyrac de Médoc, parsemant son chemin
Des fleurs que le Sauveur propage sous sa main,
Il fait germer les fruits du divin Évangile.

Enseigner le respect à l'enfance indocile,
Recueillir l'orphelin, instruire l'ignorant,
Venir en aide au faible, exhorter le souffrant,
Maintenir dans le bien la vertu chancelante,
Garder la fille chaste et la femme constante,
Et préserver l'honneur de tout foyer chrétien,
Voilà l'œuvre sans prix de cet homme de bien,
Vase de pur cristal rempli d'une onde pure,
Dont Jésus est l'amour, la force et la parure.

Qui n'aime, ô bon curé, s'arrêter à ton seuil?
Priant sur le berceau, priant sur le cercueil,
L'homme te voit partout au chemin de sa vie,
Consolateur et doux, et, la hauteur gravie
D'où se découvre aux yeux l'éternel horizon,
Avant qu'il ne s'endorme en son lit de gazon,
Ta main, habituée à guérir la souffrance,
Sait dans son cœur meurtri ranimer l'espérance.
De son Père céleste assurant le pardon
Tu l'amènes vers Lui dans un saint abandon,
Et, semblable à l'enfant qui s'éveille d'un rêve,
L'homme voit dans la mort une aube qui se lève.

⁂

Mais bientôt, du Médoc venant à Saint-Seurin,
Vous prenez avec vous, sur votre grand navire,
Vingt mille passagers que vous allez conduire
Avec le tact du prêtre et l'œil sûr du marin.

Vers le port éternel guidant leur destinée,
Malgré le vent contraire et les flots orageux,
Vous êtes leur pilote, et d'année en année
Vous êtes mieux compris et plus aimé par eux.

Vous leur dites le sens et les lois de la vie,
Et, faisant entrevoir l'invisible patrie,
Vous montrez, du sommet des horizons sacrés,
La terre de plus haut et le ciel de plus près.

Ce qu'ils pensent de vous, je voudrais bien le dire,
Mais je l'oserais mieux, si vous n'étiez ici :
Leur sentiment commun, je vais donc le traduire,
Et ce qu'ils pensent tous, cher Curé, le voici :

Grâce simple, courtoise, et du faste ennemie,
Parole émue et fine, aimable bonhomie,
Pour tous, humbles ou grands, même accueil
Même sourire bon, engageant et loyal;   [cordial,
Il n'est pas, disent-ils, de vertu plus parfaite,
Ni plus enveloppée en son ombre discrète,
Plus accessible à tous et plus cachée aux yeux,
Plus en dehors du monde et plus proche des cieux,
Que celle du pasteur, père de la paroisse.
Depuis trente-deux ans, point de deuil ni d'angoisse
Dont il n'ait pris sa part : santé, vie, esprit, biens,
Rien n'est à lui, mais tout est à ses paroissiens.

Sitôt que le jour naît jusqu'à ce qu'il s'achève,
Il se prodigue à tous sans mesure et sans trêve.
Il apporte l'espoir, l'aumône, le pardon,
Et, mieux encor que l'or, sa parole est un don
Qui du plus malheureux sait essuyer les larmes
Et du cœur le plus sombre adoucir les alarmes.
Il est le dévouement, le savoir, la bonté :
Il moissonne, vieillard, ces fleurs de piété
Qui charmèrent son âme à l'heure de l'aurore,
Et sous ses cheveux blancs son cœur est jeune
                              [encore.

Ses nuits mêmes n'ont pas de repos assuré :
Combien de fois, le soir, le loisir désiré
Pour prier, méditer, ou relire les Pères
Et leur ravir le miel des baumes salutaires,
Que de fois ce loisir a-t-il été troublé,
Quand, à peine chez lui, le saint prêtre, appelé
Pour bénir un mourant, assister un malade
Que seule sa présence apaise ou persuade,
Soudain part de nouveau, quittant tout, et bravant
Les durs froids de l'hiver, et la pluie, et le vent,
S'en va seul, par la rue aux lanternes blafardes,
Gravit seul l'escalier des plus pauvres mansardes,

Ainsi qu'en Israël le bon Samaritain,   [lointain,
Et c'est près d'un grabat, dans un faubourg
Que s'achève la nuit qu'il avait commencée
Avec les grands Docteurs à la haute pensée,
Dont le verbe éclatant revêt la vérité
De lumière sereine et d'austère beauté.

Oh ! qu'heureux est celui qui depuis son enfance
Jeta dans son sillon la divine semence
D'où germera le fruit de l'immortel espoir !
Celui-là, sans regret, lorsque viendra le soir,
Pourra lier sa gerbe et l'offrir à son Maître.
Celui-là sans frayeur te verra disparaître,
Soleil du dernier jour qu'il doit vivre ici-bas,
Et l'ombre de la nuit ne le troublera pas.

Vous êtes, fils du Christ sans peur et sans reproche,
Ce prêtre du vieux temps et de la vieille roche,
Des bons ou mauvais jours ami sûr et sacré,
Et Saint-Seurin en fête offre à son bon curé,
En ce cercle d'amis où l'affection brille
Ainsi qu'aux noces d'or d'un père de famille,

De ses vingt mille fils les vœux reconnaissants.
Pour les traduire ici comme il convient, je sens
Ma très grande impuissance, et j'aurais dû me taire.
J'ai voulu seulement dire, d'un cœur sincère,
Ce que tous, et partout, disent autour de moi.
Ai-je, en le répétant, excité votre émoi
Ou blessé la pudeur de votre modestie ?
Je ne suis pas coupable, et demande amnistie :
Avec un peuple entier j'ai dit la vérité ;
Vox plebis, vox Dei ; me voilà racheté.   [loue,
Si, voulant qu'on vous aime et non pas qu'on vous
Même en disant le vrai, j'ai péché..., je l'avoue.
Or, péchés confessés veulent rémission.
Par là mon repentir force votre indulgence,
Et déjà vos regards me donnent l'espérance
D'obtenir la faveur de l'absolution.   .

M. Raymond, Archiprêtre de la Primatiale, enfant de Saint-Seurin, parle au nom des paroissiens de naissance, aussi bien qu'au nom de MM. les Curés de Bordeaux, d'une manière fort piquante, avec un air délié, dans un langage net, précis et de la plus rare distinction :

« Messieurs,

» Je bois à mon Curé. Il y a quelques années, je remerciais mon *Maître;* aujourd'hui, je remercie mon pasteur pour tout le bien qu'il a fait à ma paroisse : c'est mon droit, c'est mon devoir.

» Je suis un des plus vieux enfants de Saint-Seurin. Je puis remonter bien haut en parlant de cette paroisse, où je suis né, où j'ai grandi, où j'ai dit ma première messe. J'y tiens toujours, je l'aime, j'en suis fier, surtout aujourd'hui, surtout au milieu de vous, Messieurs, dont la présence lui donne un nouvel éclat.

» Il y a trente-deux ans (pardonnez-moi ce souvenir personnel : nous sommes en famille, il faut bien se pardonner quelque chose) il y a trente-deux ans, vous me fîtes monter en chaire; je n'y étais pas à mon aise, guère plus qu'en ce moment. C'était la fête de Saint Seurin. M. de Soissons venait de mourir. Je devais à ce bon curé un mot de regret, aux paroissiens un mot

de consolation. Je leur dis que Dieu leur
avait infligé une perte cruelle, mais qu'il
était riche et que, dans sa miséricorde, il
avait pris l'or le plus pur de ses trésors
pour réparer cette perte. Plusieurs disaient :
« C'est un compliment ». Et moi, je savais
bien que c'était la vérité. L'événement ne
m'a-t-il pas donné raison ?

» Quelle différence entre Saint-Seurin aujourd'hui et Saint-Seurin il y a trente-deux
ans ! Et pourtant, c'était un saint prêtre que
M. de Soissons, un homme de Dieu, uniquc-
ment occupé de sa paroisse, un vrai curé.

» Il y a ici quelqu'un (1) qui pourrait en
parler mieux que moi, quelqu'un qui fut
longtemps son collaborateur et son ami, un
vicaire modèle celui-là, duquel M. de Soissons m'a dit cette parole que j'ai toujours conservée : Mon ami, depuis qu'il est avec moi,
il ne m'a jamais donné un moment de peine.

» C'était donc un curé modèle que M. de
Soissons : mais s'il avait pu voir son suc-

(1) Mgr Cirot de La Ville.

cesseur, il n'aurait pas manqué de dire :
Illum oportet crescere, me autem minui.

» Quel était donc ce nouveau pasteur que
Dieu donnait à la paroisse? Une voix amie
vient de vous le dire. Celui qui le reçut à
son arrivée de Queyrac, où il n'avait pas
fait longue pénitence, vient d'en faire un
portrait charmant, nullement exagéré, et
avec des accents qui visiblement partaient du
cœur. Vous y avez tous applaudi, et moi
comme vous. Mais il me permettra d'ob-
server qu'il a oublié de dire une chose, c'est
que lui aussi, il marche sur les traces de
son maître, il est bon curé; car dans ce
canton de Créon où il est tant aimé, on ne
l'appelle plus que *le Petit Père.*

» Ce que Saint-Seurin est devenu, Messieurs, vous le voyez : une des plus belles
paroisses de Bordeaux, un territoire immense, bien peuplé, riche; une église qui
s'agrandit, qui s'embellit, qui se rajeunit
tous les jours. Vous l'avez vue ce matin,
dans sa brillante parure, avec cette décoration somptueuse et d'un goût exquis, qui

honore les organisateurs de la fête, et aussi la Fabrique *qui paie les frais.* Quels ornements! quelle richesse! Et cet esprit paroissial qui anime toutes les âmes, qui fait battre tous les cœurs. Et ces œuvres de piété, de charité, d'enseignement, écloses au souffle du pasteur, encouragées, soutenues par son zèle... Ici on fait des miracles, vous en êtes témoins : ici *les aveugles voient, les sourds entendent, les muets parlent...* Quel bien opéré par tous ces moyens, depuis trente-deux ans! Et ce n'est pas fini.

» En vérité, je suis fier d'appartenir à cette paroisse, d'être de votre famille, et c'est au nom de tous mes frères que je vous dis : Merci.

» Vivez longtemps. Ne craignez pas les responsabilités; c'est bon à nous de les craindre. Dites toujours : *Non recuso laborem.* Et nous, nous voulons dire longtemps, comme de Jean le bien-aimé : *Discipulus ille non moritur.*

» Votre souvenir dans Saint-Seurin ne périra pas, il survivra aux générations présentes. Nous avons la rue de Soissons. Si la justice revient sur la terre, nous aurons aussi la rue Gaussens.

» Vieux paroissien, je bois à mon Curé ».

Que M. l'Archiprêtre de la Primatiale nous permette de profiter des chaleureux applaudissements qui saluent son très spirituel discours, pour ne pas le quitter sans lui exprimer à notre tour, au nom de sa paroisse natale, dont il est l'honneur, tous nos vœux les plus sympathiques pour sa cinquantaine sacerdotale, puisqu'on en voit quasi poindre l'aurore. Nous lui souhaitons que, transformant par anticipation ses noces d'or en véritables noces de diamant, sa Fabrique fasse mieux que la nôtre, et *paie les frais* plus généreusement que n'a pu le faire celle de Saint-Seurin : Primatiale oblige au moins autant que Basilique. D'ailleurs, tout sera facile s'il a encore la bonne fortune de posséder le plus aimable de ses anciens vicaires pour Trésorier.

M. Boreau-Lajanadie, député de la Charente, est de ceux pour lesquels l'amitié a plus de prix que la politique. Se souvenant qu'il a été pendant plusieurs années membre du Conseil de Fabrique de Saint-Seurin, il n'a pas hésité à s'arracher, pour quelques heures, à notre profit, aux délices du Palais-Bourbon. C'est de là qu'il nous arrive, non pas avec le tumulte de débats passionnants et passionnés, mais, ce qui vaut mieux, avec des paroles affables, simples, d'une courtoisie affectueuse, et qui obtiennent l'assentiment de tous. Il rappelle que λαός veut dire peuple, et en sa qualité de laïque, comme le peuple aux offices de l'Église, il répond *Amen* à tous les justes éloges décernés à M. Gaussens. Suffrage d'autant plus autorisé à faire loi que l'honorable législateur parle, lui aussi, en témoin de longue date des mérites de notre pasteur.

M. de Tréverret obtient le plus vif succès en se faisant l'interprète de l'Académie avec cette urbanité parfaite et dans cette langue élégante et noble qui sont familières au brillant professeur de Littérature étrangère à notre Faculté des Lettres :

« Messieurs,

» Après tant de voix, humbles ou savantes, qui ont célébré les vertus de M. le Curé de Saint-Seurin ou l'ont remercié de ses bienfaits, l'Académie des Sciences, Lettres et Arts de Bordeaux veut, à son tour, élever la sienne. Depuis trente années, elle se félicite de le compter au nombre de ses membres. Elle se souviendra longtemps des attachantes lectures qu'il lui a faites et de ses rapports sur les concours littéraires, rapports qui sont des modèles d'élégance, et où la sûreté du goût ne perd rien, je puis l'affirmer, à être accompagnée du sens moral le plus délicat et de l'orthodoxie la plus vigilante. Que de fois aussi, dans des discussions courtoises, mais vives, l'Académie a été heureuse de voir un prêtre intervenir avec cet esprit conciliant qui doit son charme et son efficacité à une bonne part de charité chrétienne !

» Mais les relations et les succès académiques de M. le Curé ne sont qu'un épisode dans sa vie littéraire, commencée de si

bonne heure et continuée toujours d'une
façon si naturelle, sans ambition et, on peut
le dire, par devoir.

» Professeur de rhétorique au Petit-Séminaire, M. Gaussens, tout en composant
l'éloge des hommes de bien, laïques ou
prêtres, qui ont édifié et illustré ce diocèse,
s'appliquait leurs exemples, et cultivait dans
son âme les vertus qu'il louait en eux et qui
couronnent aujourd'hui sa vieillesse vénérée.
Lorsqu'au sortir du professorat, il lui a
fallu distribuer la parole sainte aux trou-
peaux que Dieu lui confiait, il a su toujours
se proportionner à leurs intelligences et à
leurs besoins. Quelquefois, dans des pièces
de vers que sa modestie l'a empêché de faire
suffisamment connaître, il a, comme le disait
un poète, enveloppé du doux miel des Muses
les vérités les plus augustes et les plus sé-
vères : *Musæo contingens cuncta lepore.*

» Je me rappelle l'avoir vu, à Cauterets,
pendant ses loisirs, emprunter des leçons,
comme le Divin Maître, aux spectacles qui
l'environnaient, et composer en vers une in-

génieuse parabole, inspirée par l'empressement même de la foule autour des sources salutaires. Dans son dernier livre (je me trompe, dans son livre *le plus récent,* et qui ne sera pas *le dernier,* nous l'espérons tous) dans son recueil, enfin, de *Prônes Liturgiques,* quel harmonieux mélange d'érudition, de morale pratique et de poésie! Ces discours sont précis, comme un catéchisme historique, persuasifs, comme des homélies doivent l'être, et animés par cette conviction que l'amour du *beau* doit venir en aide à l'amour du *bien,* que l'Église elle-même le veut ainsi, et que souvent elle s'est faite artiste et poète pour mieux gagner à Dieu le cœur de tous ses enfants.

» Honorons donc, en M. l'abbé Gaussens, le littérateur, l'académicien, le poète, et buvons, Messieurs, à l'union aujourd'hui bien attaquée, mais indissoluble malgré tant d'efforts, entre ce qui charme les hommes et ce qui les sauve, entre les Lettres, les Arts et la Religion! »

Pendant que le médoc offert spontanément et généreusement par les familles
Duroy de Suduiraut, Skawinski, Martinaud,
et par MM. Hostein et Giresse, coule
calme et moelleux dans les verres, soudain
se lève, ou plutôt bondit, et fait explosion
comme du champagne, le plus ancien ami
de M. Gaussens, un des rares survivants
parmi ses condisciples, M. le chanoine
Marès. Ses noces d'or viennent d'être célé-
brées le jour de Noël dans la paroisse de
Saint-Pierre, avec la plus touchante cordialité : il se trouve ainsi sous le coup d'une
double émotion. Cet aimable et privilégié
vieillard sait soustraire aux atteintes et aux
glaces de l'âge la verdeur de son esprit et
la chaleur de son cœur. Les paroles vi-
brantes que lui inspire son amitié toujours
jeune sont accueillies avec une sympathie
unanime.

M. Perrau est bien le *vir probus, dicendi
peritus,* cher à Cicéron. Cet homme de bien
laisse simplement parler son cœur, et cela
suffit pour qu'on aime à l'entendre. A plu-

sieurs reprises déjà, dans la journée, il a
pris la parole en présentant les diverses
Œuvres dont il s'occupe avec un zèle que
rien ne lasse. Ce soir, en son nom personnel, comme l'un des élèves qui ont fait
partie de la première classe de rhétorique
confiée à M. Gaussens pour ses débuts de
professeur au Petit-Séminaire, il rappelle
des souvenirs lointains, mais toujours vivants au cœur du maître et de l'élève.

M. Dénéchaud, Supérieur du Petit-Séminaire, captive l'assemblée par le charme de
son remarquable talent d'improvisation. Les
hautes qualités de son esprit se déploient
dans son discours, d'une éloquence ample,
facile et flexible, abondante aussi en traits
fins et gracieux ou en expressions parties du
cœur :

« Monsieur l'Archiprêtre,

» C'est grande témérité à moi d'oser prendre
la parole après les discours éloquents et les
charmantes poésies que nous venons d'entendre, en présence de tant d'hommes émi-

nents dans l'art de bien dire. Mais dans une fête dont vous êtes le héros, qui a pour but de célébrer vos noces d'or, le Petit-Séminaire pourrait-il rester muet? Conviendrait-il que celui qui le représente ici gardât le silence, lui qui s'honore d'avoir été votre élève, et plus tard, pendant dix ans, votre collègue? Me taire, ce serait commettre un oubli, une ingratitude; je craindrais que ma nuit ne fût sans sommeil. Je verrais se dresser devant moi nos illustres morts, M. Lacombe, M. Lataste, M. Marès, M. Dulac, M. Manceau et tous vos anciens frères d'armes, qui m'accableraient de leurs reproches. Pour éviter pareille faute et pareil châtiment, qu'il me soit permis de vous dire un mot du cœur.

» Vous avez commencé de bonne heure, Monsieur le Curé, à compter parmi les gloires du Petit-Séminaire. Déjà, lorsque vous étiez assis sur ses bancs, vous lui faisiez grand honneur par votre conduite exemplaire, par votre ardeur au travail, par votre belle intelligence et vos brillants succès. On m'a raconté qu'à la fin de chaque année scolaire, au jour des récompenses, vos prix et vos couronnes s'élevaient en tas comme une petite montagne et faisaient une charge si lourde, que vos forces, doublées cependant par la joie, étaient impuissantes à la porter. Il fallait que votre vénérable père vînt vous prêter secours, et c'est avec une légitime fierté et le front rayonnant qu'il s'empressait de prendre sur lui une part de ce glorieux fardeau.

» Combien de pères et de mères le suivaient du regard, le cœur ému et, chez quelques-uns peut-être, agité par une secrète envie ! Heureux les parents auxquels Dieu donne de tels enfants ! Heureuses les maisons qui possèdent de tels élèves !

» Vos études théologiques à peine terminées, M. Lacombe, le vénéré Supérieur du Petit-Séminaire, qui n'avait pas perdu de vue son brillant élève, s'empressa de vous rappeler auprès de lui, pour vous confier la chaire de rhétorique.

» Malgré votre jeunesse et votre inexpérience, nul ne s'étonna de ce choix, nul n'en fut jaloux. Le souvenir vivant de vos succès classiques, vos talents incontestés, vous élevaient si haut dans l'estime de tous que tout sentiment de rivalité semblait impossible.

» Vous voilà donc en possession de cette chaire de rhétorique, que vous occuperez pendant quatorze ans, et que, pendant ces quatorze ans, vous illustrerez si admirablement par votre enseignement, par vos travaux littéraires, par les élèves que vous formerez, qu'après même l'avoir quittée, vous en resterez le *Maître,* oui, le Maître par excellence, je dirais volontiers le roi.

» Vous souvient-il, cher maître, de ces vingt-cinq, trente ou quarante jeunes gens, qui, chaque année, formaient autour de vous une si charmante couronne? De quelle oreille avide ils écoutaient vos leçons, lorsque vous leur expliquiez les règles de la rhétorique, et que vous leur enseigniez l'art de penser, de parler et d'écrire! Qu'ils aimaient à vous entendre lorsque vous leur faisiez admirer les chefs-d'œuvre de l'antiquité

grecque et latine et les grands maîtres de la
langue française avec cette sûreté d'appré-
ciation, cette supériorité de talent que nul
n'a surpassées ni avant ni après vous.

» Que dirai-je de vos œuvres littéraires, de
ces discours, de ces éloges admirables de
fond, de forme et de sentiments, que vous
composiez, chaque année, pour nos distri-
butions de prix, et qui donnaient à ces solen-
nités un éclat incomparable et un attrait
irrésistible ! Pouvait-on les entendre et peut-
on les lire sans en être charmé? Pour en
faire l'éloge, qu'il me suffise de dire que
l'Académie de Bordeaux, après les avoir
couronnés, appréciant par eux votre mérite
et votre valeur, a tenu à honneur de vous
offrir l'un de ses fauteuils et de vous compter
parmi ses membres. N'est-il pas vrai qu'elle
ne fit jamais un meilleur choix?

» Il est facile de comprendre quels élèves
devaient sortir des mains d'un tel maître.
Regardez autour de vous. Parmi MM. les
Curés de Bordeaux, qui sont là pour vous
faire honneur, combien ont été vos élèves?

Et celui qui, tout à l'heure, nous captivait
par sa parole vive, spirituelle, chaleureuse,
mon vieil ami, l'Archiprêtre de la Primatiale,
n'a-t-il pas été aussi votre élève?

» Et si nous voulions chercher en dehors
de cette enceinte, où trouver un homme plus
distingué et qui fit jamais plus d'honneur à
ses maîtres que M. Gervais, Grand Vicaire
honoraire, et si longtemps le premier Grand
Vicaire du diocèse? Faut-il en nommer un
autre? Oui, celui-là je ne saurais le passer
sous silence, il vous fait trop d'honneur.
N'est-il pas comme vous, du reste, une des
gloires du Petit-Séminaire de Bordeaux? Je
veux parler de M. Laprie, de cet orateur
éminent -qui, il y a quelques heures à
peine, nous tenait sous le charme de sa
parole, lorsque, dans votre vieille Basilique,
il célébrait les grandeurs de votre sacerdoce
avec une piété vraiment filiale et de cette
voix éloquente qui a retenti avec tant d'éclat
dans presque toutes les églises de France.

» Ah! Monsieur le Curé, vous avez vraiment sujet d'être fier de vos œuvres; et si la

gloire des enfants est la gloire de leur père,
quelle gloire est donc la vôtre?

» Mais au Petit-Séminaire, il ne vous suffisait pas d'être professeur, vous étiez prêtre
avant tout, et votre grand souci était de
former le cœur de vos élèves, de les fa-
çonner à la piété et à la vertu, de les préparer au sacerdoce, auquel Dieu les appelait
pour la plupart.

» Avec quelle douceur et quelle patience,
avec quelle délicatesse et quel tact vous
combattiez leurs défauts et les dirigiez dans
la bonne voie, ne heurtant jamais de front
ces jeunes et ardentes natures si promptes à
s'irriter! Et puis, partout ils avaient vos
exemples sous les yeux; car vous ne les
quittiez jamais. En ville, vous étiez au milieu
d'eux : s'ils allaient à la campagne, vous
marchiez à leur tête : s'ils priaient ou
chantaient les louanges de Dieu, vous méliez
vos prières et vos chants à leurs chants et à
leurs prières.

» Sous cette double et heureuse influence
de vos leçons et de vos exemples, ces chers

jeunes gens s'exerçaient à la piété, s'affer-
missaient dans la foi et la vertu et se pré-
paraient à devenir ou des chrétiens modèles
dans le monde ou de saints prêtres dans
l'Église.

» Voilà votre œuvre, Monsieur le Curé,
pendant quatorze ans, de la fin de 1838 à la
fin de 1852. A cette dernière date, de grands
changements eurent lieu au Petit-Séminaire.
La mort enleva M. Lacombe à l'amour de
ses enfants. M. Lataste devint Supérieur à
sa place, et vous, Monsieur le Curé, non par
goût, mais par dévouement, vous acceptâtes
les fonctions importantes de préfet des
classes. Je dis que ces fonctions sont importantes, qu'elles sont même nécessaires dans
l'intérêt de la discipline, des études et de la
piété; mais je dois dire aussi qu'elles sont
pénibles et souvent ennuyeuses, je le sais
par une longue expérience. Elles sont surtout
pénibles pour des natures bonnes et aimables
comme la vôtre, Monsieur le Curé.

» Un préfet des classes est un Jupiter
tonnant. Ses yeux, à tout instant, doivent

lancer l'éclair, et sa voix, gronder comme la foudre. Il doit, à certaines heures, faire tout trembler autour de lui, et d'un regard, d'un geste, d'un mot, maintenir ou ramener dans l'ordre et dans le silence une jeunesse nombreuse, légère, turbulente, parfois impatiente de tout frein. Qu'il vous était dur, Monsieur le Curé, de jouer un semblable rôle, de vous imposer assez de violence pour inspirer la crainte, lorsque tout en vous inspire la confiance et l'amour! Vous n'hésitiez pas cependant quand le devoir commandait; vous affectiez alors de vous montrer terrible. Mais avouons-le, pour être vrai, le voile sous lequel vous cachiez votre bonté native était toujours un peu transparent, trop transparent peut-être quelquefois.

» Telles ont été vos deux dernières années au Petit-Séminaire, années de dévouement, de sacrifice et d'immolation, années fructueuses et fécondes comme toutes les autres. Elles n'ont pas été, je crois, pour vous les plus paisibles ni les plus heureuses. Par cela même, elles ont été les plus méritoires

et vous ont créé plus de droits à notre reconnaissance et à notre amour.

» Ces deux sentiments, Monsieur le Curé,
sont gravés dans notre cœur, et depuis
trente-quatre ans que vous nous avez
quittés, votre souvenir est resté vivant au
Petit-Séminaire. Il ne s'en effacera jamais.
Aussi avec quelle joie et de quel cœur nous
nous associons à vos paroissiens pour célébrer vos noces d'or! Combien nous sommes
heureux du vrai triomphe qu'à cette occasion
leur amour vous décerne aujourd'hui. Hier
soir, nous avons récité pour vous, en communauté, une dizaine de chapelet avec une
ferveur inaccoutumée. Ce matin, nos enfants
communiaient à votre intention, et, mes confrères et moi, nous portions votre nom au
saint autel. En ce moment, ce sont les vœux
du Séminaire tout entier que j'ai la satisfaction de vous offrir. M'inspirant de ses sentiments, je suis tenté de vous dire : Monsieur
le Curé, vivez toujours. Des années remplies
comme les vôtres ne doivent jamais finir. Si
les heureux temps des patriarches pouvaient

reparaître, j'aimerais à vous souhaiter les neuf cent soixante-neuf ans de Mathusalem. Hélas! les hommes ne vivent plus aussi longtemps. Vivez, au moins, pour la joie de vos amis et le bonheur de vos paroissiens, jusqu'à la plus extrême vieillesse, jusqu'aux dernières limites de la vie la plus longue. Un des orateurs qui ont pris la parole avant moi vous disait : *Ad multos annos!* Ce n'est pas assez pour mon cœur. Non, beaucoup d'années, ce n'est pas assez, je vous en désire plusieurs fois beaucoup.

» Pour mieux vous exprimer l'étendue de mes vœux, permettez-moi de recourir à un barbarisme. Vous m'en avez pardonné quelques-uns autrefois; il ne vous en coûtera pas beaucoup de m'en pardonner un de plus. N'oubliez pas, du reste, que je vous parle au nom du Petit-Séminaire, où, sans être en honneur, le barbarisme est malheureusement fort en usage.

» Donc, Monsieur le Curé, Dieu vous garde et vous bénisse!

» *Ad multissimos annos!* »

Nous devons à la vérité d'avouer que dans cette réunion où brillent tant de maîtres en l'art de bien dire, en latin aussi bien qu'en français, cet expressif barbarisme ne soulève aucune protestation. Il excite, au contraire, des applaudissements qui redoublent quand M. le Supérieur, sur l'invitation du *Maître* qu'il a loué si délicatement, redevient un très obéissant et docile élève comme on l'était jadis, pour accorder à sa communauté un jour de congé à Mussonville.

M. Rabion est écouté avec une égale attention : il reçoit le même accueil approbateur lorsque, au nom du Conseil de Fabrique, dont il est le très distingué Président, en quelques mots pleins d'esprit, de vives saillies, et d'une forme bien incisive sous leur négligence apparente, il remercie les précédents orateurs, rend avec eux un hommage non moins autorisé au cher Jubilaire, complimente M. l'abbé Martron pour l'esprit d'organisation dont il a fait preuve, félicite M. Raymond, trésorier modèle et partant économe, d'avoir si largement délié

les cordons de la bourse, et revendique avec
une légitime fierté la part qui revient à la
Fabrique dans le succès de cette belle fête.

M. Buche, Vicaire Général, est le délégué
de l'Administration diocésaine : il apporte, à
ce titre, les souvenirs et les vœux de notre
pieux, savant et bienveillant Archevêque.
Mais il est aussi l'ami de vieille date, le
fraternel compagnon des années de jeunesse
et de maturité, et l'on sent toute la chaleur
de son affection dans ses paroles, empreintes
d'une grâce affable, et qui se distinguent par
le goût, la mesure, l'aménité parfaite, qualités
habituelles de l'honorable orateur :

« Vous me permettrez, Messieurs, de
prendre la parole à deux titres différents :
comme Archidiacre de Bordeaux et comme
vieil ami de M. Gaussens.

» Sous le premier point de vue, ma tâche
est facile, car l'Administration diocésaine ne
peut dire que ce qui est sur toutes les lèvres et
dans tous les cœurs, que le héros de cette fête
a toujours été, depuis cinquante ans, un excel-

lent prêtre, dans l'acception complète de ce mot, et dans son pastorat le modèle des curés.

» Professeur au Petit-Séminaire, curé de Queyrac, M. Gaussens y a laissé des souvenirs toujours vivants qui font encore bénir son ministère. Curé de Saint-Seurin, vous avez dit mieux que moi tout ce qu'il a fait; c'est la seconde fois qu'il reçoit le témoignage éclatant de l'affection et de la reconnaissance publique, et si vous vous taisiez, les pierres parleraient ici d'elles-mêmes. Cette magnifique Basilique si admirablement restaurée, cette école élevée au prix des plus grands sacrifices, rediraient que la paroisse de Saint-Seurin, qui était, aux jours de mon enfance, une très bonne paroisse, est une des meilleures de notre ville métropolitaine, grâce surtout au zèle de son excellent curé.

» Permettez-moi donc, cher Archiprêtre, de vous apporter les bénédictions et les sympathies de notre vénérable Archevêque, dont vous possédez l'estime et l'affection à un si haut degré, et de vous dire au nom de son conseil et de tout son clergé, dans les rangs duquel vous ne comptez que des amis : Vous êtes la gloire de notre cité, la joie de nos confrères et l'honneur de notre sacerdoce.

» Laissez-moi vous dire un mot comme ami. C'est une sainte chose que l'amitié. Deux frères animés des mêmes sentiments, appuyés l'un sur l'autre, qui se soutiennent dans les épreuves de la vie, qui mettent en commun leurs joies et leurs peines, qui profitent de leur union constante pour faire plus de bien, c'est un beau et ravissant spectacle aux anges et aux hommes. Malheureusement, ce spectacle est assez rare. Le temps, l'éloignement brisent les rapports les plus intimes et les mieux établis; les occupations nouvelles, les intérêts différents amènent parfois l'indifférence et l'oubli. Grâce à Dieu, Messieurs, l'amitié qui m'unit à M. Gaussens a subi l'épreuve du temps et de l'espace, ce double tombeau de tant d'affections humaines, et sous les glaces de l'âge, nous éprouvons les mêmes sympathies que dans les jours de notre adolescence. Notre amitié n'est pas d'hier, et bientôt,

Messieurs, elle pourra célébrer dans l'intimité ses noces de diamant.

» La première fois que je vis M. Gaussens, c'était en 1833 ou 1834. Élève d'une petite maison qui envoyait tous les ans quelques-uns de ses enfants au Petit-Séminaire, j'allais avec mes jeunes condisciples passer une bonne journée sous les frais ombrages de Mussonville, où le bon M. Lacombe avait invité les maîtres et les élèves de la Communauté de Notre-Dame. Nous fûmes reçus comme des frères. Quelques-uns des séminaristes les plus avancés et les plus pieux avaient été chargés de veiller sur nous, d'encourager notre timidité, de pourvoir à nos besoins et de présider à nos jeux. Ai-je besoin de dire que l'un des plus aimables et des plus empressés était M. Gaussens. Sa figure si douce et si prévenante, la distinction de ses manières, sa tenue si modeste et si simple me frappèrent vivement. Son souvenir resta gravé dans ma mémoire. Il était pour moi un encouragement, car on m'avait dit que M. Gaussens était le plus brillant élève du Petit-Séminaire et l'un des plus accomplis.

» Quelques années après, je retrouvai M. Gaussens; nous habitions sous le même toit. Il est vrai qu'il était sur les hauts sommets de la théologie, où il avait les mêmes succès que dans ses études littéraires. Moi, petit élève de philosophie, je le voyais de loin; mais le mercredi nous réunissait. J'aimais sa conversation, toujours enjouée, je prenais ses conseils sur les études qu'il avait déjà parcourues.

» Plus tard, j'ai vécu à côté de M. Gaussens au Petit-Séminaire, et je n'y revois pas sans émotion deux chambres contiguës qui souvent n'en faisaient qu'une; j'avais toujours quelque chose à lui dire, un conseil à lui demander, et notre intimité grandit toujours pendant dix ans d'une vie de travail, d'union constante et de soins affectueux.

» Après un long éloignement, pendant lequel nous ne nous sommes jamais perdus de vue, nous nous sommes retrouvés à Bordeaux. Notre amitié était toujours aussi vive, aussi affectueuse, aussi dévouée.

» Donc, Messieurs, car il faut conclure, et je vous demande pardon de vous avoir retenus si longtemps, j'offre à M. Gaussens tous les vœux, toutes les bénédictions de notre vénérable Archevêque, les vœux de l'Administration diocésaine et de nos frères dans le sacerdoce.

» Je le prie d'agréer mes sentiments d'affection respectueuse, qui, sous mes cheveux blancs, ont la vivacité de mes vingt ans, déjà si loin de moi, et de recevoir les vœux de tous, afin que dans ses forces renouvelées, il puisse travailler longtemps encore à l'œuvre de Dieu, et, Messieurs, en finissant, permettez-moi d'ajouter un nom au nom de notre cher Curé, dans les vœux que nous formons, un cœur étroitement uni à son cœur, une vie qui semble inséparable de la sienne. Vous serez d'accord avec moi, car, vous le savez, quand on connaît les deux MM. Gaussens, on ne peut les séparer ni dans son estime ni dans son affection. »

C'est avec la plus franche et sincère modestie que M. le Curé a prêté l'oreille à cette symphonie de louanges méritées, glissant de temps à autre, dans l'intervalle des discours, une fine répartie. Enfin, il se lève à son tour, et sans embarras ni confusion, mais avec une familiarité pleine d'affectueux abandon, une bonhomie souriante, une simplicité tout amicale, dans un remerciement qui découle de l'abondance de son cœur et laisse voir son âme, il sait répondre à tous avec infiniment de charme, et trouver successivement à l'adresse de chacun des douze orateurs, j'allais dire des douze apôtres de la vérité, un mot aimable et juste. Par une coquetterie naturelle et permise, il a tenu à rester le premier jusqu'au bout, et c'est encore, comme il convient, le vieux *Maître* qui sort vainqueur de la lutte et remporte la palme de ce tournoi oratoire :

« MESSIEURS ET CHERS AMIS,

» En écoutant ces beaux et nombreux discours, où plusieurs des orateurs m'ont qualifié du titre de *Maître,* je me demandais si les rôles, enfin, n'avaient pas été changés, et si les disciples n'étaient pas devenus maîtres à leur tour, et le maître disciple. Cela se voit souvent par le cours naturel des années.

» Mais enfin, maître ou disciple, il me faut parler ; et l'assurance, la noble assurance qu'ont fait paraître ceux que nous avons entendus n'est pas précisément ce qui caractérisera mon éloquence.

» Messieurs, vous êtes-vous jamais fait une idée du rôle d'une cible sur laquelle d'habiles et hardis archers s'acharnent à tirer à qui mieux mieux ? Ah ! si la cible était sensible et vivante, comme elle se plaindrait !

» Eh bien ! mes amis, depuis quelques instants, je suis cette cible, contre laquelle vous avez tiré sans pitié, et je puis vous assurer que vous avez tiré juste et que tous vos coups ont porté. Et pourtant, je ne me plains pas. Volontiers même je dirais avec cette héroïque Romaine : *Pæte, non dolet.* Non, cela ne fait pas de mal ; et je me garderai même d'arracher les traits que vous m'avez lancés. Loin de

blesser mon cœur, ils l'ont doucement réjoui
et agréablement ému. Merci donc de vos
flèches emmiellées, Messieurs. La cible ne
vous gardera pas rancune.

» C'est une bonne chose, mes amis, qu'un
cinquantenaire, et il est regrettable qu'il ne
puisse en tenir au moins deux dans une vie
humaine. Je n'ai, pour moi, qu'à me féliciter
de ces noces d'or que vous m'avez faites si
splendides et si émouvantes. Elles ont rassemblé autour de moi mes amis du présent
et du passé; elles ont fait jaillir de leur cœur,
à mon adresse, des paroles qui m'ont vivement touché. Ce sont d'abord mes anciens
vicaires, dont M. l'abbé Broussard, doyen de
Créon, s'est fait le charmant interprète. Ce
vicaire de trente-deux ans a parlé avec le
cœur jeune et chaud d'un vicaire d'aujour-
d'hui. C'est ensuite la Conférence de Saint-
Vincent de Paul, dont le Président, retenu
par la maladie, nous a fait entendre, à travers
l'espace, par l'organe de M. Dubruel, son
Vice-Président, l'expression de ses regrets et
de son affectueuse sympathie.

» De Verdelais même, mon pays natal, un orateur est accouru, le R. P. Petitalot, nous apportant encore toutes fraîches les fleurs du vallon sacré, et les parfums célestes du sanctuaire de Marie.

» Les Muses elles-mêmes se sont mises de la partie. Elles ont peut-être eu quelque vague souvenance de certains grains d'encens que j'avais jadis brûlés sur leurs autels. M. Gaston David a retracé en vers harmonieux et suaves l'idéal de la vie du bon pasteur. J'ai eu quelque peine à m'y reconnaître.

» Au nom de nos vénérés frères dans le pastorat, et en son propre nom, comme enfant de Saint-Seurin, qu'il n'est pas le seul de sa famille à honorer, M. l'Archiprêtre de la Cathédrale a relevé les mérites de la Basilique, et parlé du zèle de ses pasteurs pour l'embellir. Le nom vénéré de M. Cellier de Soissons est naturellement venu sur ses lèvres, et je n'ai pas été le dernier à saluer ce nom de ma respectueuse et sympathique reconnaissance.

» M. Boreau-Lajanadie nous a montré par

sa présence à ce banquet et par sa cordiale
allocution que les luttes parlementaires ne
lui ont pas fait oublier Saint-Seurin, dont il
fut quelque temps un des dignes et zélés
administrateurs.

» M. de Tréverret a salué son confrère de
l'Académie, hélas! plus vieil académicien
encore que vieux curé. Sa bienveillance habituelle et son amitié personnelle pour le
pasteur ne lui ont pas permis de dire que les
palmes académiques ont bien souvent eu à
souffrir, chez le héros de la fête, du voisinage
envahissant de l'étole pastorale.

» Durant tous ces discours, M. le chanoine
Marès ne tenait plus en place. Enfin, il a
éclaté, vous l'avez vu, et un cri s'est échappé
de ses entrailles émues, le cri d'une amitié
de soixante-deux ans. En l'écoutant, je croyais
entendre la voix de quinze de nos frères dans
le sacerdoce, entrés déjà dans un monde
meilleur. Nous étions, en effet, dix-neuf à
notre ordination de prêtrise de 1838, et nous
ne sommes plus que quatre.

» M. Perrau, que je pourrais appeler l'aîné

de mes fils, mon élève de rhétorique de 1838, a fait une nouvelle et dernière irruption dans le champ de l'éloquence. On ne se lasse jamais de l'écouter, et lui ne se lasse pas de faire entendre les accents d'une âme bonne, honnête et chrétienne.

» M. l'abbé Dénéchaud, Vicaire Général, Supérieur du Petit-Séminaire, s'est réclamé lui aussi à mon égard du titre d'ancien élève. Ce sont là des gloires que je suis loin de récuser. En me parlant du Petit-Séminaire, M. le Supérieur a évoqué dans mon cœur les souvenirs les plus doux de ma vie. Cher Petit-Séminaire, que ne lui dois-je pas ! Si je suis prêtre, pasteur, si je vaux quelque chose, assez pour avoir obtenu, je ne dis pas mérité, le triomphe qui m'est décerné aujourd'hui, c'est au Petit-Séminaire que j'en suis redevable. Je n'ai pas oublié non plus le Grand-Séminaire et ses graves et pieuses leçons. Mais des quarante-deux premières années de ma vie, j'en ai passé cinq au Grand-Séminaire, et vingt-cinq au Petit.

» Dans M. Rabion se confondent pour moi

le Président dévoué et intelligent du Conseil
de Fabrique, et l'ancien élève du Petit-Séminaire, et l'excellent paroissien, et par-dessus
tout l'ami.

» M. Buche, Archidiacre de Bordeaux, s'est
réservé pour le bouquet, et il a eu raison.
Quel plus beau couronnement pouvait-il
donner à la fête que les témoignages sympathiques, dont il était porteur avec M. l'abbé
Petit, de Sa Grandeur Mgr l'Archevêque de
Bordeaux?

» Pourquoi faut-il, Messieurs, que les noces
d'or, encore assez fréquentes dans le sacerdoce, soient si rares dans la plupart des
professions laïques? Où donc, en effet, voyez-
vous des préfets célébrer leur cinquantaine
préfectorale, des députés leur cinquantaine
parlementaire, des ministres leur cinquantaine ministérielle? C'est que nous, prêtres,
nous avons la stabilité, parce que nous avons
la vérité, *veritas manet*. Et puis l'Église est
une bonne mère, pleine d'indulgence pour la
vieillesse aussi bien que pour l'enfance. Elle
ne connaît ni les retraites forcées, ni les

expulsions violentes. Elle laissera Saint Jean l'Évangéliste sur son siège d'Éphèse jusqu'à sa centième année. Elle permet aux curés de vieillir dans leurs paroisses. Eh bien ! s'ils ne peuvent plus faire de longs prônes, ils les abrégeront et se contenteront de dire : *Mes petits enfants, aimez-vous les uns les autres.* Et quand ils ne pourront plus parler, quand on n'entendra plus de leur bouche des instructions nouvelles, on se rappellera leurs instructions anciennes, et à les voir, à les regarder seulement on s'instruira encore et l'on s'édifiera.

» D'ailleurs, la fontaine de Jouvence, perdue depuis des siècles, me semble désormais retrouvée. Je viens de m'y plonger aujourd'hui ; cette fontaine de Jouvence, Messieurs, mes chers collègues, mes chers paroissiens et mes chers convives, c'est l'amitié. »

On sourit, on approuve, on applaudit, et le banquet se termine, après ces dernières paroles, dans les sentiments et sur l'espoir qu'elles expriment. Quelques causeries se poursuivent encore entre voisins, mais voici bientôt qu'on se lève, et chacun se retire, vers dix heures, emportant de cette soirée charmante le plus agréable souvenir, après avoir serré bien cordialement la main du bon curé dont la verte vieillesse a supporté sans faiblir les douces fatigues de cette glorieuse journée.

Notre compte-rendu ne doit pourtant pas s'arrêter ici. Dans toute fête chrétienne, les pauvres ne sont jamais oubliés. Il nous reste donc à mentionner que, par les soins de M. le Curé, de larges aumônes ont été distribuées, des dons généreux adressés aux Petites-Sœurs des Pauvres, aux Sourds-Muets, aux Aveugles, aux Orphelines, et cinq cents bons de viande remis aux Sœurs de Charité du Bureau de Bienfaisance, pour être répartis entre des familles indigentes.

S'il nous fallait tirer de cette journée une conclusion, c'est celle-là surtout que nous aimerions à mettre en lumière. Elle prouve par des faits irrécusables que l'Église catholique reste l'école de la vraie démocratie. Non seulement dans ses temples ouverts à tous, où la cornette blanche de la Sœur de Saint Vincent de Paul brille près de la cape noire du Cher Frère des écoles populaires, où le pauvre s'agenouille librement auprès du riche, elle offre, par la splendeur de ses fêtes que tous les arts embellissent, un dernier asile à la haute poésie, aux élans de l'âme vers l'idéal, mais encore elle ne cesse pas de se montrer la mère des pauvres, autant par les secours qu'elle leur prodigue que par les honneurs qu'elle sait décerner à ceux qui les ont servis durant toute leur existence comme le vénéré Pasteur de notre paroisse.

A ces titres divers, la journée du 3o décembre 1888 restera mémorable entre toutes dans les fastes de Saint-Seurin, l'antique église dont on trouve à chaque instant le nom dans nos annales bordelaises. N'est-ce pas le même sentiment qui dictait à M. Cosme, le distingué professeur de seconde au Lycée de·Bordeaux, ce passage du bel article qu'il publiait dès le 1ᵉʳ janvier dans le *Nouvelliste,* lorsqu'il disait avec autant de vérité que d'éloquence :

« Pourquoi cette fête solennelle, ces pompes inusitées, cette décoration merveilleuse de richesse et de goût? Était-ce un prince, un chef de peuple, qui venait, à l'exemple de Charlemagne, s'agenouiller et prier devant l'autel de Saint Seurin *le Baron,* comme il est dit dans la *Chanson de Roland?* Étaient-ce les magistrats de la cité qui venaient, imitant nos jurats de l'ancien régime, mettre leurs personnes et leurs fonctions sous la protection divine? Non, car les temps sont changés. Selon les expressions du saint cantique, les puissants ont renoncé à occuper leur siège dans la maison de Dieu, et lorsque dans nos églises, aujourd'hui, aux fêtes liturgiques vient s'ajouter une journée de pieuses réjouissances, c'est en l'honneur de quelqu'un de ces humbles que le Seigneur a exaltés. »

Le souvenir de cette journée solennelle sera conservé dans la Basilique même, et transmis aux générations futures, par une belle plaque commémorative en marbre blanc, à bords chanfreinés et polis, placée

dans la chapelle de Saint-Étienne, patron
de M. le Curé. Suspendue sur quatre rosaces
en bronze doré, elle porte, gravée en grande
capitale antique, cette inscription :

ANNO · DOMINI · M DCCCL XXXVIII
DIE · AVTEM · DECEMBRIS · XXX
REVERENDVS · ADMODVM · D · STEPHANVS · GAVSSENS
INSIGNIS · BASILICAE · S · SEVERINI · ARCHIPRESBYTER
ECCLESIARVM · BVRDIGALENSIS · AGINNENSIS
ET · S · DIONYSII · CANONICVS
REVERENDISSIMI · AGINNENSIS · EPISCOPI · VICARIVS · GENERALIS
NEC · NON · BVRDIGALENSIS · ACADEMIAE · SOCIVS
EXPLETOS · QVINQVAGINTA · SVI · SACERDOTII · ANNOS
PLVRIMA · IVBILANTIS · CLERI · ET · POPVLI · CORONA · CIRCVMDATVS
SOLLEMNI · POMPA · CELEBRAVIT ·

PIISSIMO · PATRI · PASTORI · PER · XXXIII · ANNOS · INDEFESSO
ELOQVENTIAE · ET · STILI · INTER · OMNES · MAGISTRO
PIETATIS · DOCTRINAE · LABORVM · MEMORES
GRATI · ANIMI · MONVMENTVM
PAROCHIANI · POSVERE

Ici s'achève notre tâche. Un mot encore
cependant, le mot de la fin. Nous l'em-
prunterons à M. le Dr Garat, médecin honoraire des hospices et hôpitaux. Il a offert

à M. Gaussens, comme cadeau de noces, un
fort bel exemplaire, en reliure antique, de
la Sainte Bible, traduction en français sur
la Vulgate par M. Le Maistre de Saci, édition de M DCC XXIV. L'honorable Docteur,
homme de cœur et d'esprit non moins qu'é-
rudit bibliophile, a accompagné cet envoi
du joli quatrain suivant, qui exprime à mer-
veille le sentiment et le vœu de toute la paroisse :

Au vénéré Pasteur en offrant ce saint livre,
Comme Docteur je signe une ordonnance à suivre :
Un quart de siècle il doit le lire assidûment,
Jusqu'au grand jour de ses noces de diamant.

Nous demandons pardon au Docteur Garat, — mais lui-même ne sera-t-il pas de
notre avis ? — si nous ajoutons que le véri-
table dernier mot nous semble appartenir,
et par droit de naissance, et par droit de
conquête, à M. le Curé, qui a voulu de-
meurer victorieux en vers comme en prose,
au ciel comme sur terre, et qui a su y

réussir, ainsi qu'en témoigne ce charmant sixain, piquante riposte du Pasteur au Docteur :

A ladite *ordonnance,* en recevant ce livre,
Le Pasteur vénéré se soumet, et veut vivre.
Mais les noces d'argent, d'or et de diamant,
Pour son ambition, qu'est-ce? A peine un moment.
Avec le cher Docteur, qu'il invite à le suivre,
Le Pasteur veut au ciel vivre éternellement.

BASILIQUE St SEURIN
AMICUS DIVINITATIS ET AMATOR CIVITATIS

ÉPILOGUE

Il n'est pas de bonne fête sans lendemain.
L'épilogue de celle-ci a été l'exposition des
divers souvenirs offerts à M. le Curé. Ouverte durant la première quinzaine de janvier,
dans une salle du couvent des Sœurs de
l'Immaculée-Conception, rue Lachassaigne,
beaucoup de personnes l'ont visitée. Que
les paroissiens qui ont eu moins de liberté,
ou moins de curiosité, veuillent bien nous
suivre. Nous allons tenter, sinon de la leur
décrire, au moins de leur en énumérer les
principales richesses.

A tout seigneur tout honneur. Saluons
d'abord le buste de M. l'Archiprêtre, don
du Conseil de Fabrique. Il est en terre
cuite, de grandeur naturelle, et placé sur
un piédestal en chêne ciré. Il a pour auteur M. Fournier, sculpteur bordelais de
grand mérite, à qui l'on doit plusieurs
œuvres d'art très remarquées, notamment
un beau buste de Louis Veuillot et la statue
de Mgr Faurie, récemment inaugurée dans
l'église de Monségur. Le buste de M. Gaussens, où le paroissien a mis tout son cœur
et le sculpteur toute son habileté, est une
nouvelle preuve du rare talent de l'artiste,
particulièrement de son aptitude à saisir avec
une fidélité absolue la ressemblance exacte
du modèle. La physionomie de M. l'Archiprêtre a une grande intensité de vie et d'expression : elle est *parlante,* selon le mot populaire qui n'a jamais été mieux justifié.
Tous les accessoires sont rendus avec une extrême sûreté de main ; le modelé de la tête,
les moindres détails de la figure, traités avec
un soin et une minutie qui n'enlèvent rien

à la largeur d'exécution de l'ensemble. L'œuvre de M. Fournier a obtenu auprès de tous les visiteurs un très complet et très légitime succès. L'artiste a fait une réduction en plâtre, avec un piédouche en forme de console, dont plusieurs exemplaires figurant à l'exposition ont été fort appréciés et promptement enlevés, nous voulons dire achetés.

La salle est embellie et parfumée de nombreux bouquets, parmi lesquels nous signalerons un bouquet d'or composé de cinquante roses en paillon, gracieux présent des Congréganistes de l'Immaculée-Conception, et une corbeille de fleurs naturelles, jacinthes, camélias, lilas, surmontées d'épis d'or, hommage de M. Lagrange, l'un de nos meilleurs horticulteurs.

Les fleurs sont sans doute destinées surtout au poète : l'académicien n'a pas été oublié, et voici à son intention un bel écrin contenant un coupe-papier et un porte-plume en ivoire, puis un presse-papier, et une loupe puissante pour le soulagement de sa vue, si jamais elle est fatiguée.

Ce ne sont pas les yeux seulement qui parfois sont las, vers soixante-quinze ans, c'est aussi le corps. On y a songé, et, pendant que ce riche écran de satin noir, délicatement brodé de fleurs par Mlle Lehman, amortira la chaleur trop vive, ces meubles élégants, chaises, chauffeuse, coussins en velours frappé, permettront de prendre, auprès du foyer, un repos nécessaire, tout en faisant usage de ce joli déjeuner en porcelaine, décoré par les Sourdes-Muettes avec infiniment de goût. Le dessin principal représente la façade de la Basilique. Des guirlandes de fleurs, et un ruban portant inscrites les dates principales de la vie de M. Gaussens, complètent l'ornementation.

Ces mêmes dates se retrouvent sur une image pour bréviaire, peinte à la main, avec lettres et chiffres minuscules d'une rare finesse, miniature d'un travail parfait, qui mérite d'être vue de près.

Arrêtons aussi nos regards sur plusieurs tableaux remarquables à divers titres. Les Dames Mousseau ont offert un tableau ancien fort curieux, représentant le calice de la Passion du Sauveur; — les Sœurs de Charité, un tableau du Sacré-Cœur renfermant dans un cadre doré une image découpée à la main sur papier bristol, formant divers dessins en relief, encadrant un ovale en satin blanc brodé soie et or, où se détache le sujet principal, un cœur entouré d'une guirlande de roses et de lis; — M. l'abbé Etcheberlopoo, du clergé de Saint-Seurin, un tableau magnifiquement encadré, où se lit, au bas du portrait du Pape Léon XIII, le texte de l'Indult Pontifical accordant la bénédiction papale; — les Religieuses de la Visitation, un tableau miniature, vrai chef-d'œuvre de patience, qui présente un médaillon avec autel et sujet d'ordination, découpé à la main en relief, enguirlandé de palmes et d'olivier, et où sont authentiquées des reliques de Saint François de Sales, de Sainte Jeanne de Chantal et de la Bienheureuse Marguerite-Marie.

Les objets de piété sont nombreux : statue de la Vierge offerte par les deux prêtres auxiliaires de la Basilique; — scapulaires, par la

Confrérie de Notre-Dame du Mont-Carmel;
— chapelet d'ébène monté en argent, par la
Confrérie du Rosaire-Vivant; — une croix
d'autel qui a longtemps servi dans les cam-
pements militaires, par M. le Dr de Fleury;
— un bénitier, présent spontané des employés
de l'Église : le Christ, en bronze, se détache
sur le fond de bois d'ébène, au milieu d'in-
crustations en argent et cuivre ayant pour
motifs un calice et des palmes.

Ne négligeons pas de mentionner aussi un
bel album illustré des Missions Catholiques,
imprimé par la Société de Saint-Augustin, à
Bruges, souvenir des Pères Jésuites.

Voici maintenant les dons plus spécialement destinés à la messe des noces d'or et
aux vêpres :

Deux amicts, l'un brodé au plumetis par
les Orphelines de Saint-Vincent de Paul,
l'autre en toile fine garnie d'une guipure,
ouvrage des élèves des Sœurs de Nevers.

Un cordon, se terminant par des glands en
guipure, brodé au plumetis par les Orphelines.

Corporal, purificatoire, manuterge, également garnis de guipure, et tous les trois œuvre des Sourdes-Muettes.

Trois pales : l'une en or bosselé (Mlle Charlot) ; l'autre en satin blanc brodé or et soie (les Sœurs de Saint-Vincent de Paul) ; la troisième en moire et or (Mme Darfeuilh).

Un merveilleux rochet de fine batiste, avec garnitures et chiffres brodés au plumetis. La dentelle placée au bas vient du Brésil ; c'est un travail qui n'a pas de prix : le tissu labyrinthe est fait point par point à la main, avec du fil de lin très fin, brodé ensuite d'un mélange de points d'esprit, de picots, de feuilles, etc. C'est un don de Mme la Supérieure des Sœurs de Charité, Sœur Magnin, qui a exercé durant quelques années son zèle et son dévouement dans la ville de Pernambouc.

Viennent ensuite les souvenirs acquis avec les fonds dus à la générosité empressée des paroissiens :

Un camail de chanoine en drap, soie et hermine.

Une aube en dentelle de Bruxelles, montée
en linon de fil, avec garniture de satin blanc
aux manches et entre-deux brodés.

Une splendide chasuble en brocart. Au
lieu du drap d'or plus ou moins étincelé,
agrémenté d'épaisses broderies, qui faisait
l'orgueil de nos anciens, un tissu d'or fin,
quadrillé, souple, brillant, forme aux divers
sujets, d'une réelle valeur iconographique,
un fond d'une richesse incomparable. Dans
une croix aux sobres fleurons du xiiie siècle,
encadrée d'une bordure or et argent, et
d'une élégante frise en soie pourpre re-
haussée d'or, se détachent six médaillons,
reliés par des guirlandes de roses héral-
diques, où tous les points de broderie
se mêlent harmonieusement. Les roses rappellent Notre-Dame de la Rose, une des
grandes dévotions de Saint-Seurin. Au centre
de la croix, Notre-Seigneur, Prêtre éternel,
instituant l'Eucharistie, et Saint Jean re-
posant sur le Divin Cœur. Au-dessus, Notre-
Dame de Verdelais. Aux deux bras de la
croix, Saint Amand et Saint Seurin. Aux

pieds de Notre-Seigneur, Saint Étienne, et plus bas Sainte Véronique, comme pendant de Notre-Dame de Verdelais. Sur la partie antérieure, Saint Jean-Baptiste et Saint Fort, martyrs. Tous les Saints plus particulièrement honorés dans la Basilique, et par M. le Curé, sont ainsi représentés par la réunion des huit médaillons.

Une étole pastorale, assortie à la chasuble et enrichie de deux gracieuses figurines en pied, Saint Seurin et Saint Étienne, brodées au petit point.

Ces deux ornements, dont la richesse et la beauté ont été unanimement admirées, sortent de l'importante maison Henri, de Lyon, qui les a fournis d'après les conseils intelligents et sur les indications artistiques de M. Lambinet.

Un missel in-quarto, édition de Tournay, relié en maroquin du Levant, vieux rouge, empreintes moyen âge dorées, avec riche signet moyen âge.

Un porte-missel, de style gothique du XIIIe siècle, pouvant se transformer en thabor. Il est exécuté tout en bronze doré. Le dossier, d'aspect très riche et très léger, est couvert d'ornements, tracés au burin et mis à jour, entourant une croix à quatre lobes émaillés en bleu, et dans laquelle l'artiste a réservé le chiffre de Notre-Seigneur. Sur la face du support se détache un émail qui représente Saint Étienne.

Ce très beau pupitre, comme la plupart des objets d'art qu'il nous reste à décrire, provient des ateliers de MM. Poussielgue-Rusand et fils, de Paris, orfèvres de Notre Saint-Père le Pape. L'éloge de cette ancienne et célèbre maison n'est plus à faire, pas plus qu'on ne pourrait compter les innombrables succès, diplômes d'honneur, médailles d'or, grands prix, qu'elle a remportés à toutes les grandes Expositions de Rome, Paris, Londres, Vienne. Personne n'ignore qu'elle a toujours excellé à associer dans une mesure parfaite l'art, l'érudition et le sentiment religieux, et nous en avons sous les yeux d'irrécusables témoignages.

Les burettes en cristal fournies par elle,

grâce à l'abondante collecte de la Société de Sainte-Anne, sont montées en vermeil. Elles ont été dessinées, comme le calice des noces d'argent, par le R. P. Arthur Martin. Elles ne sont pas moins remarquables par le goût, la richesse, la perfection de leur décoration artistique, et forment la pièce d'orfèvrerie la plus importante de l'exposition des noces d'or. La panse est entourée d'un large bandeau de filigranes sur lequel se montent quatre émaux en cloisonné représentant des roseaux pour la burette à eau, et des raisins pour la burette à vin. Le plateau, multilobé, est entièrement couvert sur le marli de filigranes rehaussés de rosaces émaillées en cloisonné, et de grenats cabochons fins.

Outre ces divers souvenirs, offerts à M. le Curé personnellement, la générosité inépuisable des paroissiens a permis à M. l'abbé Martron, distributeur des fonds recueillis, d'acquérir, pour les remettre à la Fabrique, comme témoignages commémoratifs des noces d'or, plusieurs autres souvenirs non

moins précieux qui vont enrichir le trésor de
la Basilique. Ce sont d'abord :

Une croix de procession,
Deux chandeliers d'acolytes,
Deux encensoirs,
Une navette,
Un carillon,
Un bénitier.

Tous ces objets, fabriqués par la maison
Poussielgue, sont en bronze doré. Les
dessins en ont été faits par Viollet-le-Duc
dans le style du XIIIe siècle.

La croix, très pure de forme et d'une
grande richesse d'ornementation, est à la
fois légère et somptueuse.

Le carillon est exécuté en cuivre martelé,
gravé au burin et mis à jour.

Le bénitier mérite une mention spéciale.
Sa forme est complètement en dehors de
celle des bénitiers ordinaires. Il est orné en
haut et en bas d'une frise ciselée en re-
poussé et mise à jour. C'est M. Victor Gay,

architecte diocésain, le savant auteur du *Glossaire archéologique du Moyen Age et de la Renaissance,* et le frère de Mgr l'Évêque d'Anthédon, qui en a composé le dessin.

Puis quatre lanternes à bascule, avec bâtons en bronze doré.

Enfin, nous avons à signaler tout spécialement un superbe lustre en bronze doré ($1^m 50$ de diamètre), formé de deux couronnes superposées et portant quarante-huit bougies. Ce lustre est dans le même style que les deux couronnes de lumière qui ornaient déjà le sanctuaire, et il complètera admirablement avec elles la décoration du chœur de Saint-Seurin. Il a été acheté au prix de mille francs. C'est le cadeau anonyme d'une excellente chrétienne, dont la respectable vieillesse est bénie de tous. Aimable providence des pauvres, consolatrice délicate des secrètes infortunes, auxiliaire bienfaisante des aspirants aux missions et au sacerdoce, sa munificence sait aussi, à l'occasion, doter l'église de sa paroisse de magnifiques souvenirs. Au nom du Clergé et de

la Fabrique, qu'il nous soit permis de lui
en exprimer ici notre profonde reconnaissance. Que Dieu exauce nos vœux : qu'il
veille longtemps encore sur la généreuse
chrétienne, honneur du troupeau paroissial,
ainsi que sur le bon Pasteur, et que la joie
nous soit donnée de voir luire le grand jour
des noces de diamant !

9 782329 338415